책 잘 읽는
아이의
독서법

책 잘 읽는 아이의 독서법

유튜브 시대에 부모가 마주치는 26가지 고민

1판1쇄 펴냄 2022년 6월 15일

지은이 이재영

펴낸이 김경태 | **편집** 홍경화 성준근 남슬기 한홍비
디자인 박정영 김재현 | **마케팅** 전민영 서승아 | **경영관리** 곽근호
펴낸곳 (주)출판사 클
출판등록 2012년 1월 5일 제311-2012-02호
주소 03385 서울시 은평구 연서로26길 25-6
전화 070-4176-4680 | 팩스 02-354-4680 | 이메일 bookkl@bookkl.com

ISBN 979-11-90555-68-5 03370

책 잘 읽는 아이의 독서법

유튜브 시대에 부모가 마주치는 26가지 고민

이재영 지음

학교 기숙사에서 지내는 아이가 근 한 달 만에 집에 왔다.
고등학교에 입학해 첫 모의고사를 치른 다음 날이었다.

"우와 내 방, 내 침대!"

아직 오후 시간인데 옷을 아무렇게나 벗어 던지고 잠옷으
로 갈아입더니 바로 침대로 뛰어들었다.

"나 밀린 드라마랑 영상 보고 덕질하면서 쉴 거야."

다른 때 같았으면 '제정신인가?' 했겠지만 짐 가방을 풀어
이불이며 옷가지를 꺼내 세탁실로 가져가면서 상냥하게 대답
해줬다.

"그래 실컷 봐."

"응, 말리지 마. 다 보고 갈 거니까."

"안 말려, 회포 풀어. 대신에…"

"대신에?"

"집에 있는 동안 공부는 안 해도 되는데, 책상 위에 책 한 권을 올려두었으니 가기 전까지 읽고 독후감은 꼭 써."

이번엔 아이가 잠깐 '제정신인가?' 하는 표정을 짓더니 이내 시원하게 대답했다.

"그 정도는 해야지. 오케이! 무슨 책인데?"

서울 어느 곳에는 기숙사 생활을 하며 한 달에 한 번, 사흘 동안 나오는 학생들을 위해 하루 열 시간씩 수업을 하는 학원이 있다는 풍문을 들었다. 학교에서 내내 공부하다가 집에 돌아온 그 며칠마저도 학원에 가서 모자란 부분을 보충하는 아이들이 있단 얘기였다. 요즘은 부모들이 시켜서가 아니라 아이들이 먼저 그런 학원을 찾아다니며 공부를 한다는 이야기도 들었다. 물론 우리 아이는 그런 요구를 하지 않았고, 침대에 누워 넷플릭스를 보고 있었다. 괜찮은 건가, 잠깐 고민이 되지만 곧 괜찮다, 라고 생각했다. 한 달에 한 번 귀가하는 학교에 가게 됐을 때 이미 마음먹은 일이었다.

중학생 때도 책을 읽고 쓰는 건 시간을 쪼개야 했다. 고등학생이 되었으니 책을 읽고 쓰는 게 더 어려워질 것이었다. 그러니 집에 오면 다른 건 몰라도 책 한 권을 읽히고 독후감을 쓰게 해야 했다. 그 며칠, 공부를 '더' 하지 않아 경쟁에서 밀린다면 별수 없다. 어차피 이 경기장의 출구는 없다. 트랙은 계속될 것이고 달려야 하는 것이 숙명이다. 계속해서 달리고 달릴 텐데 중간에 물 한 모금은 마셔야 하지 않겠나.

아이를 키우는 내내 가장 중요하게 생각했던 건 '읽고 쓰는 훈련'이었다. 살아보니 인생의 고비마다 어떤 책들이 나를 다시 살아나게 했다. 인간의 본질을 알고 사회 구조를 이해하고 그 안에 개인인 나의 상황을 객관적으로 깨달으면서 위기를 극복했고 조금씩 나아갈 수 있었다. 난파된 배에서 떠밀려 너덜너덜해진 순간에 독서라는 구명보트가 여러 번 나를 구했다. 읽을 줄 아는 사람은 덜 불행하다는 걸 깨달았고 쓸 줄 아는 사람이 조금 더 만족스러운 삶을 살 수 있다는 걸 알게 됐다. 아이를 키우면서 수영을 가르치듯 책을 읽혔다. 하루가 다르게 변하는 세상에서 생존을 위해 활자와 친해지도록 가르쳤다. 그러니 바쁜 K-고등학생에게 주어진 한 달의 며칠 휴가 동안 해야 할 일은 공부가 아니라 당연히 독서와 글쓰기가 돼야 했다.

2022년 새해 첫날 우리 가족은 변함없이 두물머리를 찾았다. 10년 넘게 가평에 살면서 새해면 그곳에 가서 헌 결심을 버리고 새 소원을 빌었지만, 올해는 조금 특별했다. 딸 소울이가 두물머리 근처 고등학교로 입학할 예정이었다. 아이가 중학교에 입학하면서부터 점찍어두었던 학교였다. 성적순으로 입학이 가능한 비평준화 일반고라서 꽤나 노력해야 들어갈 수 있었다. 주위에서 내신점수 따기 어려운 학교에 들어가는 게 대입에 유리하지 않을 거라는 걱정이 많았다. 공부 잘하는 도시 아이들이 가득 모인 학교에 가면 분명 고생할 거라고 확신하는 사람들과 고생하고 있으니 오지 말라는 선배들의 조언도 있었다. 다 알면서도 우리는 아이의 선택을 지지했다.

아이는 원하는 학교에 입학하는 걸 목표로 삼고 중학교 내내 성실했다. 사춘기이니 가끔 딴짓도 하고 딴생각도 했지만 목표라는 기둥에 고무줄로 자신을 묶어놓은 듯 저 멀리 갔다가도 다시 돌아와 그 앞에 섰다. 원서를 내고 며칠 동안 마음을 졸이고 합격자 명단에서 자기 이름을 마주했을 때 아이는 기쁨을 감추지 못했다. 두물머리를 산책하고 학교 앞을 들르는 동안 아이도 어떤 다짐을 했겠지만, 한 달에 한 번 아이가 기숙사에서 나오게 되면 꼭 책 한 권을 읽혀야겠다는 건 새해 나의 다짐 중 하나였다.

2010년 가을 단풍이 한창일 때 가평 설악면으로 이사를 왔다. 그때 아이는 다섯 살이었다. 그리고 6년 뒤, 아이가 초등학교 4학년이 되던 해 우리는 이곳에 책방을 열었다. '당신이 사랑하는 책, 당신을 사랑하는 책'이라는 슬로건을 걸고 '북유럽BOOK YOU LOVE'이라는 간판을 달았다.

책방을 열었을 때도 걱정의 목소리가 높았다. 책으로 돈을 벌 수 있겠냐는 유의 이야기였다. 과연 책방은 돈을 벌 수 없었다. 공간이 빼어나지도 않고 아기자기한 문구용품이 갖춰져 있지도 않고 커피도 팔지 않는 시골의 작은 책방엔 손님 발걸음이 뜸했다. 어느 땐 외부 프리랜서로 글을 써서 번 돈으로 월세를 내며 적자를 메우기도 했다. 그럴 때마다 또 우리는 여러 날 머리를 맞댔고 같은 결론을 냈다. 그래서 책방을 하는 게 싫어? 아니었다.

책방은 돈을 가져다주진 않았지만 그 이상의 것을 우리에게 쏟아부어줬다. 책과 밀접하게 지내는 삶이 얼마나 좋은 것인지 경험해본 사람들은 알 것이다. 책방을 하면서 다양한 행사를 열고 책 모임을 이끌고 참여하면서 우리 가족은 계속해서 읽고 썼다. 남편은 살림을 도맡아 하고 동물권을 지지하며 채식주의자로 살고 여성주의와 사회에 대해 끊임없이 공부하고 성찰한다. 아이도 비판적 사고를 기르려 애쓰고, 세상이 정한 기준에 자신의 생각을 내어주지 않으려고 열심히 책을 읽는다. 나 또한 온갖 아름다운 것들을 책 속에서 발견하고 이웃들과 맹렬히 그것들을 나누며 살고 있다. 어디서도 얻을 수 없는 축복이고 행운이다.

가정은 의미 없지만 만약 책방을 하지 않았다면 지금의 우리는 사뭇 다른 모습일 것이다. 더 번쩍거릴 수는 있겠지만 절대로 아름답게 빛나진 못할 것이다. 물론 지금도 빛나는 삶을 살기엔 한없이 부족하다. 다만 읽고 쓰면서 정성을 다해 삶에 광을 낸다. 다른 이의 눈에 어떻게 보일지는 중요하지 않다. 책 속에 길이 있다는 옛말이 있는데 정말 있다. 책을 읽으면 다른 이와 비교하지 않고 살아갈 나만의 길이 보인다.

내신 점수를 얻기 쉽지 않은 고등학교에 진학해 힘들겠지만 아이를 믿는다. 성적이 애쓴 만큼 나오지 않더라도 대학 진학이 마음대로 되지 않더라도 85번을 실패하고 86번째 날 청새치를 잡기 위해 배에 오른 《노인과 바다》의 노인처럼 다시 삶의 바다로 뛰어들 것이라는 걸 안다.

읽고 쓰는 건 자격 없이 할 수 있는 고차원적인 일이다. 다른 사람의 도움도 필요 없다. 누구나 나의 의지로 시작하고 도달할 수 있다. 다만 훈련이 필요하다. 물에 빠졌을 때 살아남기 위해 수영을 배우듯 생존을 위해 읽는 법을 익혀야 한다. 호흡하고 물에 뜨는 법을 배우고, 50미터를 가고 100미터를 가고 한 시간씩 레일을 돌 수 있는 체력을 키우듯 그렇게 훈련을 해둬야 한다.

독서 프로그램을 하고, 아이의 독후감을 책방 SNS에 올리니 학부모님들이 종종 질문을 해왔다.

"아이에게 책을 읽히고 싶은데 어떻게 해야 하나요?"

이 책은 그런 질문들을 모아 답한 책이다. 책방을 하고 있는 우리 가족이 했던 책 읽기와 글쓰기 교육 방법을 편하게 실었다. 강조했지만 책 읽기는 저비용 고효율의 학습법이다. 모쪼록 더 많은 아이와 엄마, 아빠가 책을 읽으며 진하고 깊은 시간을 마주하길 바란다.

설악 작은 책방
북유럽에서

차례

책 읽기 언제부터
시작하는 게 좋을까요

지금 당장 바로 오늘 시작하면 된다.
오늘이야말로 앞으로 남은 날 중
제일 앞에 있는 날이니 말이다.

나는 책을 좋아하는 아이였다. 타고난 것도 교육받은 것도 아니었다. 단지 책을 읽으면 시끄럽고 귀찮은 동생들과 떨어질 수 있어서였다. 책을 읽을 땐 아무도 나를 방해하지 않았는데 그게 정말 좋았다. '도피성 독서'였던 셈이다.

그다음 이유는 이야기가 좋아서였다. 지금도 소설을 읽을 때면 소설가의 친절한 묘사를 따라 머릿속에 이미지를 만든다. 그 시간이 놀이처럼 즐겁다. 거리, 풍경, 주인공의 모습을 하나하나. 눈으로는 활자를 따라가지만 머릿속엔 영상이 플레이된다. 책 읽기가 나에겐 놀이였다. 작은 브라운관 속 그저 그런 만화들보다 훨씬 다양하고 재미있는 이야기들이 책에 있었다. 처음엔 상황을 피하고 싶어서였지만 나중엔 책이 정말 재미있어서 읽어댔다. 중년이 되고 보니 그때 들인 책 읽기 습관은 정말 소중한, 인생에서 몇 안 되는 잘한 일 중 하나였다.

책은 누군가의 정서에 진입하는 순간 엄청난 에너지를 뿜어낸다. 그 에너지는 정신을 자라게 하고 자신을 돌아보게 하는 힘이 되어 한 인간을 끊임없이 성장시킨다. 산전수전 전부 겪고 세상이 만만하다 못해 지루하다고 느끼는 사람들에게도 책은 모르는 세상이 아직 얼마나 많은지 깨닫게 한다. 다른 사람들의 삶을 들여다보게 하고 자신의 삶을 성찰하게 한다. 그러니 책을 읽을 줄 안다는 건 (글을 안다고 전부 책을 읽는 건 아니니까) 어마어마한 축복이다.

일찌감치 잘 알고 있었다. 아이는 책이 아니어도 재미있는 게 너무 많은 세상을 살아갈 것이라는 걸. 아이는 분명 나처럼 도피의 도구로 책을 택하지 않을 것이다. 이 좋은 걸 전해줄 방법은 단 하나. 책 읽기 습관을 몸에 새겨주는 것. 그것이 아이 교육의 처음이자 마지막 목표였다.

아이에게 사준 최초의 책은 고개를 막 가눴을 때 펼쳐준 헝겊책이었다. 손에 닿는 모든 걸 집어 입으로 가져가던 시기에 헝겊책은 침받이에 가까웠지만 늘 보이는 곳에 놓아두었다. 아이는 이불 언저리에서 뒤척이며 책을 깔고 눕기도 하고 베기도 하고 빨기도 했다. 틈만 나면 헝겊을 한 장 한 장 넘기며 달라지는 그림을 보여줬다. '아가야 이게 책이란다.' '이렇게 넘기는 것만으로 다른 세상이 펼쳐진단다.' 하며 아이에게 마음을 전했다. 겨우 돋은 앞니 네 개를 보이며 활짝 웃는 아이와 함께 누워 헝겊책의 책장만 넘겨도 좋을 시절은 순식간에 지났고 나는 곧 의성어와 의태어의 늪에 빠졌다.

아이는 아직도 《사과가 쿵!》을 기억한다. 부드럽고 친절해 보이는 커다란 사과 그림이 표지인 책. 그 책을 5만9천 번쯤 읽었다. "커어다란 커어다란 사과가아"로 시작할 때 입을 아주 크게 벌려야 하는 게 첫번째 포인트. "쿠웅" 하고 깜짝 놀란 표정을 짓는 게 두번째 포인트. 그리고 눈을 희번덕이며 있을 수 없다는 표정을 짓는 게 세번째 포인트.

개미로 시작해 기린, 코끼리, 사자, 곰까지 뼈대만 남은 사과 그늘에 앉아 맛있게 사과를 먹는 장면을 재현하느라 몇 줄 안 되는 내용을 읽을 때마다 엄청난 에너지를 써야 했다. 무엇보다 힘들었던 건 그걸 계속 반복해야 하는 일이었다. 돼지, 토끼, 너구리, 급기야 악어까지 사과를 먹으러 오는데, '너 육식이잖아. 안 어울리게 왜 사과까지 먹는다고 그러니.' 하고 나무라고 싶은 마음이었다. 어쨌든 사과가 쿵 떨어져 곤충 친구, 동물 친구 들이 허기를 채우는 모습을 보는 게 좋았던 건지 아니면 '표정 부자'가 되는 엄마가 재미있었던 건지 아이는 얄궂게 하루에도 수차례 그 책을 가지고 왔다.

평소 싫고 귀찮은 건 모두 남편 몫으로 돌렸지만 책을 가져올 때만큼은 군말 없이 퍼포먼스에 돌입했다. 이유는 하나, 그것이 '책'이어서였다. 아직 글을 모르는 아이에게 책을 읽어주는 데 어떤 변명도 있어서는 안 됐다. (살기 위해 얼른 글을 가르쳤다.) 커다란 그림에 의성어 몇 마디가 큼직하게 적힌 그림책을 시작으로 조금씩 활자가 늘어난 책을 비치했다. 단어가 문장이 되고 문장이 모여 서사를 이룬 책으로 아이의 관심이 옮겨갈 수 있도록.

《사과가 쿵!》 이후에도 《달님 안녕》이나 《곰 사냥을 떠나자》 같은, 영혼을 끌어모은 발연기가 필요한 책들이 계속 이어졌다. 두 돌이 지나고 말귀를 알아들어 한 페이지에 서너 문장씩 있는 책을 읽게 됐는데, 연기 없이 그냥 말하는 톤으로 읽어도 되는 이야기가 시작됐을 때의 기쁨을 잊을 수 없다. 물론 그것이 성대결절 직전까지 목을 혹사하게 되리라는 걸 미처 몰랐지만 그래도.

유아교육자와 독서 지도 전문가 들은 24개월 즈음부터 본격적으로 책 읽기 교육을 시작해야 한다고 말한다. 발달 과정에서 책 읽기가 필요해지는 24개월이 되면 아이들은 어휘 능력이 눈부시게 발전한다. 뇌의 발달은 의사소통이 활발해지면서 호기심이 넘쳐나고 궁금한 것들을 알아가고 깨우치면서 이루어진다. 꼭 24개월이 아니라도 좀더 일찍 책이라는 것이 얼마나 좋은 장난감인지, 책과 함께하는 시간이 얼마나 즐거운지 알려줘도 나쁘지 않다. 음성 발달 분야의 권위자인 미국 워싱턴 대학교의 패트리샤 쿨Patricia Kuhl 교수는 생후 10개월이 지나면 아이들이 고개를 돌려 관심을 보이며 '소음'과 '언어'를 구분한다고 했다. 경험상 정확히 10개월은 아니었지만 침 범벅이 돼 늘 젖어 있던 헝겊 책이 조금씩 말라가던 시기가 그즈음이었다. 그러니까 책 읽기는 빠를수록 좋다. 0부터 시작해 달려나가면 좋지만, 만약 0에서 시작하지 못했다면 지금 당장 바로 오늘 시작하면 된다. 오늘이야말로 앞으로 남은 날 중 제일 앞에 있는 날이니 말이다.

책 읽기가 '학습'의 의미를 담은 '교육'이라면 잘 모르겠다. 그러나 몸에 습관을 새기기 위한 것이라면 확실히 말할 수 있다. 태어나기 전부터, 되도록이면 빨리, 가족 모두 함께 시작해야 한다고. 책을 읽는 건 새로운 세상과 만나는 어마어마한 기회이고 짜릿한 경험이다. 습관적인 책 읽기는 이런 기회와 경험을 누리며 살아갈 수 있게 한다. 습관을 들이는 데 늦은 시기는 없다.

홈쇼핑에서 전집을 샀는데,
안 읽어요

다 읽어야 할 숙제라는 생각이 들지 않도록,
선택하는 자유를 줘보자.

"안나 카살리스 글, 마르코 캄파넬라 그림, 이현경 옮김."
네 살 무렵 글을 알기 전부터 아이가 읊어대던 작가와 옮긴이
이름.

귀여운 생쥐 또또가 주인공인 '또또가 달라졌어요' 시리즈
는 총 열 권이다. 제일 처음 샀던 건 《밥 먹기 싫어요!》였다.
곰 인형 뚜띠와 눈 내리는 창밖을 바라보던 또또. 이것도 먹
기 싫다 저것도 먹기 싫다, 말 안 들으며 엄마의 화를 돋우고.
그런데 또또 엄마는 엄청 교양 있는 사람 아니 쥐라서 파르르
수염이 떨렸지만 침착하게 눈 속에서 추위에 떨며 먹을 것을
찾아 헤매는 숲속 친구들에 대해 알려주고, 마침 또또의 집
에 매미 친구가 덜덜 떨며 찾아와서 숲속의 사정에 대해 얘기

한다. 엄마는 기꺼이 먹을 것을 나누고 또또는 그제야 정신을 차리는데.

물론 이야기는 앞에서 요약한 줄거리보다 훨씬 정제된 글로 구성되어 있다. 아이는 이 책을 읽고 또 읽었다. 글을 알기 전에 샀던 책이라 읽고 또 읽어줬는데 하도 읽어서 다 욀 정도였다. 어느 날 아이가 책을 펼치고 술술 읽고 있는 모습에 깜짝 놀라 국가에서 관리하는 영재원에 전화를 할 뻔했는데 알고 보니 그림을 보며 외운 걸 내뱉고 있었다. 물론 그 또래 부모들이 모두 그러하듯 나는 바로 친정 시댁 일가친척에게 전화해 우리 아이 천재설 영재설 모든 전설을 만들어내긴 했다.

《밥 먹기 싫어요!》 이후 '또또가 달라졌어요' 시리즈는 기간을 두고 계속 출간됐다. 아이가 너무나 좋아해서 《잠자기 싫어요!》《이 닦기 싫어요!》《다시는 떼쓰지 않을게요!》《거짓말은 싫어요!》를 차례로 사서 열심히 읽어줬다. 아이는 한심하다는 듯 또또의 만행을 듣고 또 들으며 자신이라면 절대 하지 않았을 일들을 하는 또또를 이해하지 못했다. 다행스럽게 또또 엄마랑 우리 엄마는 왜 다르냐는 컴플레인은 걸지 않았다. (또또 엄마는 쥐고 엄마는 사람이라 다르다는 대답은 써먹을 일이 없었다.)

아이에게 또또는 우스꽝스럽고 답답했다. 그게 뭐라고 안 먹고 안 자고 안 닮냐, 그냥 하면 되지. 이런 식이었다. 자기보다 모자란 생쥐 또또가 만만하고 우스운지 하루도 거르지 않고 몇 번씩 되풀이해 읽어달라고 했다. 또또에게 꽂힌 아이는 이후에도 시리즈가 나오면 잊지 않고 챙겼고, 결국 우리집엔 시리즈 열 권 한 질이 조로록 책장에 자리 잡았다. 처음이자 마지막이었던 아이의 전집이었다.

시리즈가 계속되면서 또또도 함께 나이를 먹어 동생도 생기고, 밥 안 먹고 잠 안 자는 종류와는 차원이 다른 고민들이 쏟아졌다. 아이도 꼬마 생쥐의 성장에 발맞춰 한 뼘씩 자라났다.

아이에게 '또또가 달라졌어요'는 어릴 적 친구 같은 존재다. 전집이지만 한 권 한 권 추억 가득한 앨범처럼 옛 기억을 찾아주니 보관의 의미가 있다. 한두 줄짜리 짧은 글에서 조금 더 긴 글을 읽을 수 있게 된 데는 또또의 힘이 컸다. 서사를 따라가며 활자를 이해하기 시작한 게 이때부터였으니까.

말 나온 길에 전집 얘기를 좀더 하자면, 집에 'Why(와이)?' 시리즈 중 딱 한 권이 있다. 바로 《Why? 종교》. 초등학교에 입학해 다른 종교를 가진 친구들이 신기했는지 아이가 종교에 대해 물었다. 우리 부부는 가톨릭 신자였지만 냉담 중이라 성당에 나가지 않고 있었다. 시골 작은 성당에 유아반이나 초등반이 없어 한 주 두 주 가지 않다보니 그렇게 된 것이다.

일단 우리 가족의 종교에 대해 알려주려고 만화로 된 어린이 구약 성경과 신약 성경을 읽혔다. 아이는 내용은 재미있지만, 궁금한 것은 왜 친구들의 종교가 자신과 다르고, 친구들은 누구를 믿는 건지 그것이라고 했다. 이렇게 저렇게 설명해 보니 아이 눈높이에서 종교를 설명한다는 게 만만치 않았다. 혹시라도 잘못 말하면 괜한 편견이나 오해가 생길 수도 있는 주제가 아닌가. 어쩔 수 없이 척척박사 만물박사라는 'Why?' 시리즈의 힘을 빌렸다. 마침 《Why? 종교》가 있었고 당장 급한 호기심의 불씨는 잡을 수 있었다.

아이가 초등학교에 들어가고 친구들과 이야기하는 걸 들으면 아이가 너무 어수룩해 보일 때가 왕왕 있었다. 그럴 때마다 'Why?'나 '수학도둑' '마법천자문' 같은 전집류를 통해 얻은 자잘한 지식이 없어서인가 고민했다. 그러나 이내 마음을 다잡았다.

우리는 그저 작가의 온전한 '철학'이 들어간 그림책으로 시작해 점차 글을 늘려가면서 '서사'가 있는 책들을 읽게 했다. TV가 없는 집에서 외동으로 자란 아이가 유치원이나 학교 외에 지식을 얻는 통로는 엄마 아빠와의 대화와 오래된 글이었다. 요즘 쓰는 말이나 TV에 자주 나오는 어른들의 용어, 예를 들면 경제지식이나 세계정세 같은 것들은 아주 늦게 천천히 깨우쳤다.

전집을 사지 않은 첫째 이유는 비싸서였다. 책을 사는 데 한 번에 백만 원, 이백만 원을 훌쩍 넘는 돈을 들일 여유는 없었다. 세 식구 모두가 쓸 것이면 몰라도 아이 혼자 사용하는 걸 할부로 들이고 싶지도 않았고, 또 놓을 곳도 없었다. 지금 살고 있는 곳으로 이사 오기 전 아파트는 이미 제일 큰 방을 서재로 쓰면서 책들이 들어차 있었는데 아이 걸 보탤 자리가 좀처럼 나지 않았다.

아니, 전부 핑계이고 사실을 말하자면, 나는 '전집 세대'다. 내가 어릴 적에는 책 외판원이라는 직업이 있었다. 이상하게 아빠 친구나 엄마 친구의 남편 중 한 분은 갑자기 책 외판원이라는 직업을 갖곤 했다. "한 질은 팔아줘야지." 세계명작동화 100권을 재미있게 읽는 걸 보며 엄마는 각기 다른 지인에게 창작동화 한 질, 세계문학전집 한 질을 연달아 샀다. 그러나 창작동화는 너무 난해했고, 세계문학전집은 세로쓰기에 한자까지 있어 중간에 포기해야 했다. 진열된 채 무관심 속에 죽어가던 전집을 목격한 나는 아이가 태어나면 전집은 절대 사주지 않겠노라 일찌감치 다짐했다. 돈이 남아돌고 아흔아홉 칸 구중궁궐로 이사 가도 기필코 사지 말아야지, 그랬다.

나는 내 집에 들어오는 모든 책이 사랑받기를 원했다. 모두의 관심과 손길로 낡아가기를 희망했다. 식사 자리에 앉아 그 책에 대해 함께 이야기를 하고 오랜 시간이 지난 어느 볕 좋은 날, 달콤한 것을 입에 넣고 "있잖아, 옛날에 그 책 생각나? 어디 있을 텐데." 하고 찾아볼 수 있는 책. 우리가 사랑한 책. 그런 책들로 가득한 집이 되었으면 했으므로 전집은 애당초 구입 목록에서 빠져 있었다.

집에 아이가 읽을 만한 책이 가득하지 않아 우리는 자주 서점 나들이를 했고 그 또한 전집을 사지 않아 얻는 행복이었다. 큰돈을 들여 전집을 산 뒤 본전 생각이 나 마음이 조급해 은연중에 강요하는 실수를 하지 않은 것도 좋았다. 도서관에 가서 이것저것 책을 읽다 마음에 드는 작가가 생기면 다시 서점에 가 고르는 것도 재미있는 일이었다. 한번 눈에 익히고 나면 서점의 서가 앞에서 아이는 당당해졌다. 낯선 사람들로 가득한 곳에서 아는 얼굴을 만난 것처럼 기뻐했다. 그렇게 고른 책이었으니 읽지 않을 리 없었다. 아이가 서점에서 책을 고를 수 있게 된 때부터는 한 번도 억지로 엄마인 내 마음에 든다고 책을 사서 주지 않았다. 언제나 읽고 싶은 걸 스스로 선택하게 했다. 그리하여 우리 집에 전집은 딱 한 질. '또또가 달라졌어요'만이 책꽂이에 곱게 꽂혀 있다.

전집을 사고 싶다면 기간을 길게 두고 아이가 한 권 한 권

선택해 완성해보도록 해도 좋겠다. 물론 가장 좋은 건 아이의 의사와 상관없이 굳이 전집을 사지 않는 것이겠고.

전집을 사지 않는 게 책을 더 재미있게 읽을 수 있다는 건 나의 의견이고 경험이다. 전집을 미리 샀다고 해도 잘못된 건 아니니 자책하지 말자. 굳이 책을 찾아다니지 않아도 되고, 연령과 성장에 따라 맞춤한 책이 갖춰진 것이니 좋은 일이다. 이왕 산 전집의 효과를 누리고 싶다면 함께 읽는 시간을 만들면 어떨까.

전집을 순서대로 읽으려 하지 말고 아이가 제일 흥미로워하는 책부터 시작해보길 추천한다. 마치 서점에서 읽고 싶은 책을 고르듯 아이가 신중하게 고를 수 있도록 옆에서 분위기를 만들어주는 것도 좋겠다. 이 끝에서 저 끝까지 다 읽어야 할 숙제라는 생각이 들지 않도록, 선택하는 자유를 줘보자. 좋아하는 한 권이 생기면 그 좋은 감정을 다시 느끼고 싶어 다른 책도 찾게 된다.

엄마와 아빠가 책 읽기에 동참하면 더 좋다. 외출할 때 마실 물을 챙기듯 전집에 있는 책 몇 권을 습관처럼 챙겨보자. 아빠 책, 엄마 책, 아이 책. 음식을 기다리면서 이동을 하면서 다 같이 책을 펼치는 습관. 아마도 아이는 함께 전집을 챙겨서 나가던 그 순간을 오래도록 기억할 것이다.

아이와 함께 읽어야 한다는데
어떻게 해야 할지 모르겠어요

짧은 책을 온 가족이 함께 읽고
그 주인공의 성격을 각자 진단해보거나
책 속의 상황을 현실에 대입해보는 것도 방법이다.

"이 나쁜 자식. 뭐 이런 놈이 다 있어?"

아이 네 살 때였나? 동화책 《잭과 콩나무》를 읽어주던 아이 아빠가 성을 냈다.

"이러면 안 되는 거야. 잭은 거짓말쟁이에 남의 물건을 훔친 도둑이야."

주인공이고 거인을 물리친 잭이 왜 나쁘다는 건지, 나중에 엄마도 호강시켜드렸다는데 뭐가 문제인지 아이는 갸우뚱했다.

"봐봐. 엄마가 장에 가서 소 팔아 오라고 했는데, 쓸데없이 모르는 사람한테 속아서 콩이나 사고. 그리고 거인 집에도 몰래 들어간 거잖아. 그게 도둑이지. 거인이 아무런 해를

안 끼쳤는데 왜 거인의 물건을 함부로 가져오고 나중엔 죽게
까지 해. 그래놓고 자기만 잘 먹고 잘 살면 되는 거야? 얼마나
제국주의적 발상이냐고. 거인의 문화라는 게 따로 있는 건데,
그걸 인간 문화와 다르다고 없애는 게 정당해?"

우리 집에는 동심의 세계 같은 건 없다. 올바른 현실만 존
재할 뿐. 우리 집 유일한 전집이라고 소개했던, 아이가 좋아
하는 '또또가 달라졌어요' 시리즈를 읽어주면서도 노상 그 집
아빠(또또 아빠)를 못마땅해했다. 특히 《동생은 힘들어요!》
편의 이 대목.

"엄마! 나하고 놀아주세요."
그런데 엄마는 청소를 하느라 또또와 놀아줄 수 없었어요.
"아빠, 나하고 놀아주세요."
아빠는 하루 종일 일을 하고 지금 막 회사에서 돌아왔어요.
그래서 아빠는 좀 쉬고 싶었어요.

이 대목만 나오면 읽다 말고 "일은 저만 하나, 큰일 했군.
뭐 얼마나 대단한 일을 하기에 애랑 놀아주지도 못해?"라면서
또또 아빠를 나무라기 시작. 바로 뒷장에 아빠가 결국 놀아
주는 장면이 나오는데도 읽을 때마다 어차피 놀아줄 거 왜 그

러냐면서, 쉴 거 다 쉬고 애랑은 언제 놀아주냐고 비아냥대기 시작. 그러다 갑자기 자기 고백. "내가 애도 봐보고 일도 해보니 일하는 게 훨씬 쉬워." 옆에서 잘 듣고 있던 아이는 흐름이 끊겨 조금 짜증나지만 그래도 아빠가 평소와 다르게 빈정거리며 하는 말을 새겨들었다. 때론 진지하게, 때론 재미있다는 듯 깔깔 웃으면서.

그냥 좀 읽으라고 해도 이후에도 그는 아이한테 제대로 알려줘야 한다면서 동화 속 '형편없는' 주인공들의 인성을 나무랐다. 그런 이야기를 수시로 듣고 무럭무럭 자란 아이는 젊음에 빠져 웬디 대신 웬디 손녀를 네버랜드에 데려간 피터팬을 증오하는 걸 시작으로, 《해리 포터》의 해리와 《베니스의 상인》의 샤일록은 '주인공 버프'가 심하다는 둥. 제인 오스틴의 《이성과 감성》은 막장 드라마 같지만, 파티 얘기에 부자만 등장하는 《오만과 편견》보다 현실적이라 더 좋았다나.

따지기 좋아하는 두 부녀는 마치 배틀이라도 붙은 듯 앞다투어 나쁜 주인공 찾아내기에 여념이 없다. 대부분 둘의 의견이 같고 가끔 엇갈린다. 그럴 때면 아이는 지지 않고 자기주장을 펴는데 승부는 반반이다. 따진다고 표현했지만 비판적 책 읽기는 우리 부부가 아이에게 강조하는 부분이다. 어떤 글이든 그대로 받아들이지 말 것. 비판적 시각으로 자신의 세계관과 연결해 한 번 더 생각해볼 것.

우리의 특별한 책 읽기 교육이라면 수시로 이렇게 말해주는 것이다. "책에 있는 게 정답은 아니야. 작가의 생각일 뿐이지. 작가가 신은 아니잖아? 너의 생각과 경험에 작가의 의견을 합쳐서 더 넓게 봐야 해. 미처 생각하지 못한 걸 받아들이면서 본인의 세계관도 넓혀가는 거야. 독서는 그냥 남의 이야기를 읽는 게 아니야. 다른 사람이 쓴 이야기를 통해 내 지평을 확장시키는 거지."

책을 읽고 서로의 주장을 펼치려면 비판적 읽기가 되어야 하는데, 그전에 우선 되어야 할 것이 있다. 책의 내용을 알아야 한다는 것. 아마 많은 부모가 이 부분 때문에 고민이 클 것이다. 우리는 유아기에는 동화책을 읽어주면서 아이와 책을 공유했다. 혼자 책을 읽기 시작한 아동기에 읽은 책은 우리가 오래전 읽은 책이기 때문에 아는 척할 수 있었다. 학교에 들어가고 청소년이 된 지금까지 우리 부부는 아이가 읽은 책 대부분을 함께 읽는다. 전부 다 함께는 아니고, 부부가 나눠 맡는다. 그중 함께 공유하고 싶은 아주 좋은 책이 있다면 가족 모두 읽는다. 그리고 각자의 방식으로 정리한다. 책방 SNS에 짧은 감상을 남기기도 하고, 독후감을 써서 파일로 저장하기도 한다. 그렇게 저장된 것들을 한가한 휴일 오후, 별미를 먹으며 다시 꺼내 두런두런 이야기를 나누는 건 우리 가족의 큰 즐거움이다.

소설을 읽었다면, 주인공과 주변 인물들이 왜 그런 선택을 하게 된 건지, 배경이 되는 시대의 특징이 무엇인지, 이렇게 작가가 설정한 의도가 무엇일지 등을 이야기한다. 비문학을 읽었다면 그 책에서 주장하려는 것, 설득시키려는 것, 우리가 취해야 할 것과 지양해야 할 것에 대해 토론한다. 이런 과정이 있어 아이는 자연스럽게 비판적으로 책을 읽는다.

예를 들면 이런 식이다. 아프리카계 미국인 인권변호사 브라이언 스티븐슨의 《월터가 나에게 가르쳐준 것》의 주인공 월터는 억울하게 사형수가 된 아프리카계 미국인이다. 그 책은 아프리카계 미국인에 대한 사회의 혐오, 편견, 차별이 한 인간의 삶을 어떻게 망가뜨렸는지를 아프게 알려준다. 우리 가족은 함께 그 책을 읽고, 죄를 짓지 않아도 죗값을 치러야 하는 사람들과 죄를 짓고도 죗값을 치르지 않는 사람들에 대해 이야기를 나눴다. 그리고 아이는 아빠의 권유로 우리나라 작가 공지영의 소설 《우리들의 행복한 시간》을 읽었다. 이번엔 다른 나라가 아닌 바로 내가 살고 있는 곳의 현실에 대한 이야기가 오갔다.

"지난번 월터도 그렇고 이번 소설도 읽고 나니까 뭐든 신중해야 할 것 같아."

아이가 소감을 말하자 남편이 어떤 면에서 그런지 물었다.

"나와 상관없는 게 아니더라고, 누명을 쓴다고 생각하면 끔찍해."

나도 거들었다.

"생각하기도 싫지, 그런데 사람 일은 모르는 거니까. 그런 걸 읽으면 괜히 긴장하게 돼."

아이는 고개를 끄덕이면서 제법 어른스럽게 말했다.

"맞아, 행복이 어디나 찾아가든 불행도 누구에게나 닥치는 법이니까."

"정말 그렇게 생각해?"

제법 진지한 아이의 말이 귀여워서 되물었다.

"당연하지. 아빠가 전에 그랬잖아. 행복이 당연하다고 생각해서 자신의 불행을 인정하지 않는 거라고. 사실은 둘 다 일어날 수 있는 일인데."

"그렇지. 그런데 이런 경우는 나로 인해 일어난 불행이 아니잖아. 사회 구조적 문제 때문에 억울한 누명을 쓴 거니까. 이런 일이 생기지 않으려면 세상이 많이 변해야겠지."

어려운 말도 없고 난해한 표현도 없다. 생각나는 대로 편안하게 말하는 시간. 아이도 우리도 좋은 시간. 때로는 생각하지 못했던 얘기에서 글감을 얻고 잘못된 생각을 교정하게 되는 소중한 시간. 함께 읽고 함께 이야기하는 시간이다.

책 읽기를 학업처럼 시작하면 모두에게 스트레스가 될 수 있다. 세상 모든 가족의 성향이 우리 가족과 같지 않겠지만, 만약 책 읽는 습관을 길러주고 싶다면 책을 기반으로 이야기를 나누는 경험을 자주 하면 좋다. 짧은 책을 온 가족이 함께 읽고 그 주인공의 성격을 각자 진단해보거나 책 속의 상황을 현실에 대입해보는 것도 방법이다. 식사 시간에 현실에 존재하지 않지만 있을 법한 책 속 주인공들의 이야기를 하는 것은 여러 가지로 이득이다. 괜히 남의 이야기를 하지 않아도 되고, 다른 삶을 사는 사람들과의 불필요한 비교로 인한 스트레스를 받지 않게 된다.

바쁜 하루하루 책 읽을 짬이 나지 않을 때의 팁이 있다. 아이에게 읽은 책을 설명해달라고 하는 것이다. "엄마/아빠는 이런저런 일로 책 읽을 시간이 없는데 그 내용이 너무 궁금해. 미안하지만 먼저 읽고 얘기해줄 수 있을까?"라고 부탁한다면 거절할 아이는 아마 없을 것이다. 부모에게 자신이 아는 걸 전달하는 것만으로 신이 나서 책을 고르고 읽을 게 분명하다. 아이와 함께 책을 읽는 건 그럴 때 시작하면 된다. 아이가 부모의 부탁을 알아들을 수 있을 때.

TV를 없애면
책을 좀 읽을까요

TV가 없는 환경이 독서에 도움이 된 것은
스마트폰이 나타나기 전 이야기다.

우리 집에 TV는 '뽀로로'와 '뿡뿡이'가 아이의 세계를 지배하던 때까지만 머물렀다. 그 무렵 이사를 했는데 TV를 놓아야 할 자리에 큰 책장을 들여 아예 자리가 없었다. 전에 살던 집에서 가져온 작은 TV를 대충 놓고 쓰다가 1년 만에 고장이 나서 이때다 하고 버렸다. 아이 여섯 살 때였다.

　　그 이후 여가시간에는 주로 책을 읽거나 가끔 벽에 빔을 쏴서 영화를 보고, 보고 싶은 예능이나 드라마는 OTT에서 찾아 매주 주말 저녁 식사를 하면서 노트북으로 보고 있다. 어쩌다 온 가족이 다 흥미로워할 주제라면 드라마를 정주행하기도 한다. 이 또한 '같이 이야기하기' 위해서이다.

　　우리는 꽤 시시콜콜한 것까지 서로 이야기를 나눈다. 아이가 어렸을 때도 그랬다. 아이가 있을 때 못 할 말은 안 해야 하는 게 맞는 것이므로 거리낌 없이 화제를 던진다. 정치, 경제, 문화, 국제정세, 인간관계, 현재의 심리 상태, 개인적 고민까지 짧은 지식과 얕은 담론이 오고 간다. 조금 어려운 주제라면 아이에게 설명해주고 피드백을 받는다. 이해가 되지 않는 것에 대해서는 시간을 들여 이해시켜주거나 책을 권하기도 한다. 이렇게 활자로 써놓으니 꽤 대단한 이야기를 나누는 것 같지만, 학교 친구들 이야기, 동네 가십, 각자 취미 생활과 '덕질' 경험담이 반이다. 그런 이야기들을 하면서 곁가지로 다른 주제들을 툭툭 건드려보는 것이다.

우리 부부가 아이에게 책을 권하고 또 함께 읽는 첫번째 이유는 같이 이야기하기 위해서다. 단순히 주변에 공부 잘하는 애들은 다 책을 많이 읽더라, 책 많이 읽은 애들이 문해력이 좋다더라, 그래서 시험을 잘 보더라, 상위권을 유지하더라는 말로 책 읽기를 '교육'의 도구로 삼고 싶은 거라면 힘들게 습관을 들일 필요 없이 논술학원에 보내는 걸 추천한다. 아이들은 부모 말은 안 들어도 숙제는 잘 해간다. 그러나 꼭 그런 이유가 아니라면 부모의 노력이 좀더 필요하다. 말했듯 독서는 습관이고, 습관으로 자리 잡게 하려면 아이뿐 아니라 가족 모두 그 흐름에 몸을 담가야 한다. 세 살 버릇이 여든까지 갈 수 있게, 아니 백일 버릇이 백 살까지 갈 수 있게 하려면 부모가 조금 귀찮아진다. 목을 막 가누고 침을 흘릴 때부터 영상을 보여줄 게 아니라 눈앞에 책을 가져다놓아야 한다. 스스로 읽기 전에는 부모가 도와줘야 하고 함께 앉아 읽어야 하기 때문이다.

물론 부모가 책을 읽지 않아도 책을 너무 좋아하는 아이들이 있다. 우리 부부도 그랬고, 내 또래의 많은 친구들이 그랬다. 하지만 디지털 테크놀로지가 기본값이 된 21세기 아이들에게 자극 없이 활자만 늘어선 책이라는 매체는 지루하기만 하다. 온갖 화려한 영상이 이곳저곳에 출몰하는 때, 아이만 혼자 책을 읽게 하는 건 어쩌면 고문 같은 일이다.

아이들은 화려한 조명을 피해 같은 배를 타고 망망대해로 함께 나아가줄 동지가 필요하다. 부모가 기꺼이 동지가 되어 줘야 한다. TV가 없는 환경이 독서에 도움이 된 것은 스마트폰이 나타나기 전 이야기다. TV 없는 환경의 효과를 극대화하려면 가족 모두 읽는 습관을 들여야 한다. 엄마 아빠는 태블릿으로 유튜브를 보면서 아이에게 책을 읽으라고 강요할 순 없다. TV를 없애는 것만큼 중요한 건 함께 읽는 것이다.

서점에 데려가도
책을 고르지 못해요

아이가 어떤 걸 고르든,
그게 게임 잡지든 공주 만화든
인정해주는 자세가 필요하다.

인천에 살던 중학교 시절 가장 좋았던 건 지하철을 타고 서울에 가는 일이었다. 토요일 수업이 끝나면 버스정류장 대신 지하철역으로 가 티켓을 끊고 광화문으로 향했다. 교보문고에 가기 위해서였다. 다른 어느 곳도 들르지 않고 직진, 오직 서점만 다녀오는 단출한 서울 나들이였다.

긴 계단을 내려가 큰 유리문을 열고 들어가면 펼쳐지던 새로운 세상. 곧장 걸어가 오른쪽에 문제집이 쌓인 매대를 지나면 내가 찾는 그곳. 문화예술 서적 코너가 나왔다. 비싼 책들이 많아서 갈 때마다 사지는 못했지만, 영화, 연극, 예술 전반에 관련된 책들을 실컷 골라 읽으며 시간을 보냈다. 그곳에 모여 있는 책들은 다 재미있었고 다른 코너에 비해 한산했다.

지금도 그렇지만 내 취향은 문화예술 쪽이었다.

서점에 갈 때마다 용돈으로 살 수 있는 책을 한두 권 사서 읽다보니 다른 게 궁금해졌다. 예술가들에게 문학과 철학은 뗄 수 없는 것이라니, 책에 소개된 다른 것도 읽어보고 싶었다. 그렇게 조금씩 서점에서 나의 영토가 확장됐다.

그때의 기억은 정말 좋았다. 아직도 잊지 않고 곱씹는다. 기억의 서랍에 잘 모셔두고 꺼내보는 소중한 시간이다. 나는 아이에게 이 좋은 걸 일찍 알려주고 싶었다. 막 글자를 깨칠 무렵, 아니 아이가 뒤뚱거리며 걷기 시작할 때부터 어린이책 코너를 어슬렁거리게 했다. 갈 때마다 좋아하고 꽂히는 게 있으면 사왔고, 없으면 맛있는 것만 먹고 돌아왔다. 반드시 골라야 한다는 강요는 없었다. 백화점에 마음에 드는 옷이 있을 수도 없을 수도 있지 않나. 아이에게 책도 마찬가지다. 내 마음에 쏙 드는 책이 여러 권 있을 수도, 아예 없을 수도 있다. 없다면 그냥 선선하게 퇴장. 단, 엄마가 책을 고르는 동안 기다려줄 것. 얌전히 옆에서 기다려주면 반드시 먹고 싶은 걸 먹으러 갔다. 그러다보면 아이는 뜻밖에 어른들 책이 있는 곳에서 마음에 드는 걸 발견하기도 했다.

아이들은 생각보다 부모의 눈치를 많이 본다. 다 잊고 사는 척하지만 기억나지 않나. 어떻게 해야 혼나지 않고 엄마 마음에 들까 매 순간 선택의 기로에 섰던 어릴 적 시간들. 대부분의 부모들은 '답정너(답은 정해져 있고 너는 대답만 하면 돼)'이고 아이들은 그걸 안다. 그러니 고민하는 것이다. 과연 이걸 골랐을 때 엄마의 반응이 어떨지에 대해서.

나 또한 거의 모든 것에 정해놓은 답을 강요하는 엄마다. 특히 옷을 사러 갔을 때 수만 번도 더 물어본다. "정말? 정말 그게 예뻐? 진짜 괜찮은 거야?" 쭈뼛거리며 원하는 스타일을 가져온 아이는 나의 질문에 금방 풀이 죽는다. 수십 년간의 노하우, 자신이 세워놓은 기준에 맞추려 하니 아이가 선택하는 건 늘 어설프고 모자라 보인다. 그러니 부모는 '답정너'가 될 수밖에.

책방을 하는 사람이 이런 말을 하면 안 되겠지만, 서점에 아이를 데려갈 때 반드시 책을 사야 한다는 마음을 버리고 편안하게 놀러 가는 기분으로 가길 권한다. (우리 책방에도 놀러 오세요, 제발.) 아이에게 서점은 놀러 가는 것처럼 기분 좋은 곳, 있는 동안 마음이 편안해지는 곳, 다녀오면 뿌듯해지는 곳이라는 정서를 심어주는 게 먼저다.

아이와 여행을 가면 그곳의 서점에 꼭 들렀다. 파리에 가면 유명한 '셰익스피어 앤드 컴퍼니'부터 동네 작은 서점과 헌책방까지 눈에 띄는 곳에 들어갔다. 포르투 여행은 아예 '렐

루 서점'을 가기 위해 계획했고, 런던에서도 오랜 역사를 자랑하는 '다운트 북스'에서 비가 그치길 기다리며 책을 골랐다. 도쿄 곳곳의 서점 체인 '쓰타야'만 찾아다니기도 하고, 백화점 안 서점에서 단과자를 먹으며 만화책을 고르기도 했다. 벼룩시장에서도 휴양지에서도 책방에 들렀다. 어느 장소건 책을 파는 곳이라면 말이 통하지 않아도 무조건 들어가 구경했다. 외국의 책방에 가면 다른 장소보다 아이는 편안해했다. 집에 있는 번역된 책과 똑같은 책을 찾아본다거나, 좋아하는 애니메이션 속 익숙한 그림이 그려진 원작을 찾으며 즐거워했다. 읽을 수 있는 책을 찾는 게 아니라 책을 고르는 '행위' 자체에 목적을 두었다.

서점을 자주 다니며 익숙하고 편안하게 해줬는데도 알아서 고를 생각을 하지 않는다면, 아이에게 책을 골라야 할 이유를 빼앗은 건 아닌지 생각해볼 필요가 있다. 우리 아이는 뭘 사달라고 조르는 법이 없다. 그게 너무 신기했다. 나는 어려서부터 사고 싶은 것도 많고 갖고 싶은 것도 많고 계절마다 입어야 할 것도 많았다. 이런 나와 너무 다른 딸아이가 기특하고 신기해 엄마에게 우리 딸은 참 착하다고 칭찬을 했더니 엄마는 웃으면서 "네 딸이 착하기도 하지만 필요하기 전에 네가 다 사주니 사고 싶은 게 없는 거지."라고 했다.

엄마의 이야기를 듣고 약간 멍해졌다. 아이가 유난히 물욕이 없는 게 아니라 간절하지 않은 환경이었던 것이다. 읽고 싶은 게 생기기도 전에 읽을 만한 것들이 너무 많이 있으면 막상 서점에 가도 크게 흥미를 느끼지 못할 수 있다. 적당한 결핍은 호기심을 가져오고 그 호기심을 충족시켜가면서 커다란 성취를 이룬다.

아이러니하게 우리 아이는 책방 집 딸이 되고 책에 대한 결핍이 생겼다. 되레 요즘은 혼자 가끔 서울에 있는 서점에 간다. 책방에는 엄마 아빠가 고른 책만 입고되어서다.

"서점에 가서 내가 원하는 걸 고르는 쾌감이 있지!"라고 말하지만, 간 길에 좋아하는 '오빠들 굿즈'를 사는 쾌감이 조금 더 크다는 걸 다 알고 있다. 그래도 고개를 끄덕여준다. "이렇게 좋은 책을 고르다니, 안목이 대단한걸!" 칭찬도 한 번 해주고.

첨언하자면 아이가 어떤 걸 고르든, 그게 게임 잡지든 공주 만화든 인정해주는 자세가 필요하다. 몇 번 반복하다보면 서서히 궁금한 것들이 생기고, 그 안에서 책을 고를 수 있게 된다. 책 고르기란 자꾸 경험해봐야 하는 일이다. 처음부터 잘하는 사람은 없다.

여행갈 때 책을 가져가면
하나도 읽지 않고 와요

우리 모두가 해야 할 일은
여행지에서 나의 아이에게
책을 읽으라고 다그치는 게 아니라,
누구라도 책을 들고 있다면 그냥 지나치지 않고
칭찬 세례를 퍼붓는 것이다.

코로나19가 세상의 질서를 바꾸기 전에 아이와 단둘이 자주 긴 여행을 떠났다. 내가 여행 에세이를 쓰기도 했지만, 여행이 아이와 어른 모두에게 참 좋은 교육이라고 생각했다. 낯선 곳에서 다른 이들과 부대끼며 살아보는 경험은 타인을 이해하고 자신을 알아가는 데 도움이 된다. 예기치 않게 벌어지는 일을 하나둘 처리하며 생기는 순발력과 지혜. 너무 강렬해 사라지지 않을 인생의 추억은 덤. 괜한 사교육에 돈 들이지 말고 여행을 가자고 마음먹고, 아이의 방학이면 긴 여행을 떠났다.

우리는 때마다 작은 트렁크에 책을 가득 담아서 갔다. 영어가 유창했다면 책을 여행지에 가서 사거나 지역 도서관에서 빌려서 봤겠지만 애석하게도 그럴 만한 실력이 못 돼 무거워도 슬퍼도 이고 지고 챙겨갔다.

짐을 싸는 과정에서 당연히 어떤 책을 읽을지 고민하는 시간이 주어졌는데, 여행 준비 중 가장 긴 시간이 필요한 일이었다. 짧은 여행이든 긴 여행이든 언제나 그랬다. 옷가지나 생필품을 챙기는 것보다 가서 읽을 책을 고르는 데 훨씬 많은 공을 들였다. 다른 것들은 현지에서 대체 가능하지만 책은 해결이 되지 않기 때문이었다. 국내 여행도 별반 다르지 않았다. 비교적 짧게 다녀오는 여행에서 책을 찾기 위해 계획했던 동선을 벗어나는 게 효율적인 일은 아니니 말이다.

우리는 현재 읽고 있는 책이 무엇인지 보고 그 책을 묵혀 뒀다 가져가서 읽을 것인지 아니면 가기 전까지 읽고 새 책을 가져갈 것인지부터 시작했다. 만약 읽고 있는 책이 너무 재미있어 가져간다면 그때부터 읽기 중지. 트렁크에 바로 넣어 뒀다. 새로운 책은 읽고 있는 책과 연결이 되거나 그동안 읽고 싶었지만 엄두가 나지 않은 혹은 묘하게 손에 잡히지 않던 책 위주로 골랐다. 또 여행지와 관련된 책을 찾기도 하고, 그 지역의 작가, 예를 들어 미국 여행이면 미국 작가, 영국 여행이면 영국 작가, 프랑스 여행이면 프랑스 작가의 작품도 리스트에 올렸다. 스페인을 여행할 땐 《돈키호테》를 챙기고, 미국 여행에는 《톰 소여의 모험》을, 파리 여행에는 《레미제라블》을, 오스트리아 빈에 갈 계획이면 베토벤이나 모차르트의 이야기를 가져가는 식이었다.

무게를 감당하면서 책을 여러 권 챙겨가는 이유는 책이 읽히는 것 이외에 다용도로 쓰일 수 있어서였다. 네모반듯한 모양의 책은 급할 때 냄비받침으로도 쓰고, 야외 피크닉에서 테이블 대용이 되거나, 여분의 베개가 됐다. 그뿐인가. 아무 페이지나 펼쳐 사람이 많이 나온 쪽이 이기거나, 숫자가 나오는 사람이 이기는 등의 룰을 정해 게임을 하기에도 좋고, 다 귀찮고 무료할 때 자질구레한 낙서를 하거나 그림을 그릴 수도 있다. 긴 비행을 할 때, 밤기차를 타고 국경을 넘을 때 책 몇 권만 있으면 아이는 보채지 않았다.

그런데 고백하자면 책을 바리바리 들고 가도 전부 읽고 오지 못한다. 그중 3분의 1 정도만 읽어도 다행이다. 여행이라는 게 일상을 벗어나 풀어지고 느슨해진 기분을 만끽하는 행위이면서 평소보다 더 부지런하게 세상을 흡수하는 시간이기 때문에 책 읽기가 쉽지 않다. 책은 익숙하고 편안하며 안정적인 분위기에서 잘 읽히는데, 여행은 마치 맞지 않는 주파수처럼 낯선 곳에서의 긴장과 불안, 새로운 곳에서의 환희와 감탄을 오가는 일의 연속이라 집중이 어렵다.

우리는 여행지에서 매일 아침 새로운 곳을 향해 떠나며 가방에 그날 읽을 책을 챙기지만 언감생심 다 읽겠다는 욕심을 부리지 않는다. 그저 갑자기 붕 뜬 시간을 맞닥뜨리거나 조용하고 책 읽기 좋은 장소를 우연히 발견했을 때 책이 없어 아쉬운 일은 없어야겠기에 책을 챙긴다. 그 때문에 여행지 사진을 보면 아이의 손에 언제나 책이 들려 있다. 읽지 않아도 들고 다닌다. 그냥 습관이다.

이국의 어린아이 손에 책이 들려 있으면 누구나 한마디씩 건넨다. 대부분 칭찬이다. 사랑스럽다는 눈빛으로 특유의 제스처를 하며 긍정의 형용사를 전해주고 지나간다. 그렇게 사람들에게 따뜻한 눈길을 받아서인지 아이는 자연스럽게 책을 펼쳤다. 낯선 곳, 생소한 언어, 어른들의 구경거리, 어른들의 대화에 끼지 못한다고 떼를 쓰기보다 조용히 들고 있던 책을 펼쳐 쉽게 읽을 수 있는 모국어로 안내된 세계에 스스로 입장했다.

낯설고 어색한 환경에서 경험한 긍정적인 반응은 아이에게 책을 읽는 일은 즐거운 일, 모르는 사람에게도 칭찬받을 수 있는 좋은 일이라는 메시지로 받아들여졌다. '난 칭찬받으려고 책을 읽어.'라고 하진 않지만, 그런 긍정 경험들을 많이 쌓으면서 책과 더 친해졌고, 책 읽는 시간이 길어지면서 자연스럽게 책의 본질적인 매력에 대해 알게 됐다. 그러니 우리 모두가 해야 할 일은 여행지에서 나의 아이에게 책을 읽으라고 다그치는 게 아니라, 누구라도 책을 들고 있다면 그냥 지나치지 않고 칭찬 세례를 퍼붓는 것이다.

"이렇게 시끄러운 곳에서도 책을 읽다니 집중력이 대단하구나."

"책 읽는 모습이 참 보기 좋다."

"나도 어렸을 때 재미있게 읽었던 책인데, 즐거운 시간 보내렴."

이런 칭찬을 들은 아이라면 가벼운 게임기보다 무거운 책을 먼저 여행 가방에 챙길 것이다.

초등학교 입학했는데도
책을 읽어달라고 해요

지금부터 절대 읽어줄 수 없다고
선을 그을 필요는 없지만,
점차 아이 혼자 읽는 양을 늘려야 한다.

김연수 작가가 《일곱 해의 마지막》을 출간했을 때였다. 함께 일하는 잡지사에서 '출간 날짜 이틀 뒤로 인터뷰가 잡혔'다고 했다. 난감했다. 예약 판매를 걸어 출간하자마자 바로 택배로 받는다고 해도 한 권을 다 읽고 그에 맞는 질문지를 작성하기엔 시간이 빠듯했다. '출간일에 서울 큰 서점에 가서 사와야겠네.'라고 생각해 문의하니 도매처에서 택배로 받아야 하므로, 당일 입고되지 않을 수도 있다고 했다. 어렵게 잡은 인터뷰라 시간을 조정할 수도 없었다. 방법을 찾느라 머리가 터질 것 같았는데 섭외를 해준 잡지 담당자에게 연락이 왔다. 출간 전 서비스로 작가가 직접 읽어주는 오디오클립을 제작했다니 그걸 이용해보라고 했다. 오디오클립은 오래전 라디오 소설처럼 매일 20~30분씩 한 챕터 분량의 글을 녹음해 놓은 것을 언제든 스트리밍할 수 있는 서비스였다. 같은 마을에 사는 책방 단골인 도예 작가님이 요새 작업하면서 오디오북을 많이 듣는다고 하던데, 이번 일을 계기로 나도 입문해 봐야지 싶었다. 괜찮으면 운전하고 산책할 때 이용할 요량이었다.

생각지 않게 소설 듣기가 시작됐다. 나는 하루도 빠짐없이 조용히 걸으며 작가가 직접 낭송하는 소설을 들었다. 하루는 논길을, 하루는 강가를 걸으며 풍경 속에 작가의 음성이 덧입혀졌다. 처음엔 무척 좋았다. 눈으로 풍경을 보고 두 팔과 다리를 마음대로 움직이는데, 머리에는 책 내용이 입력되니 시간을 버는 것 같았다. 산책하며 일도 하다니. 다음에 산책할 때는 꼭 오디오북을 사서 들어야겠다는 생각도 했다.

누구나 경험해봐야 진가를 알게 된다고, 듣기가 읽기보다 훨씬 쉬울 줄 알았는데, 경험해보니 듣는 것은 정말 어려운 일이었다. 그것이 일거양득이 아니라는 걸 깨닫는 데는 이틀이면 충분했다. 듣기만 하는 건 아주 힘든 일이었다. 걷다가 잠깐 푸드덕 하고 새가 날아가는 것만 바라봐도 어느새 다음 문장으로 넘어가 있었다. 20여 분의 클립을 제대로 듣는 데 30~40분이 걸렸다. 나는 걷다 말고 서서 수도 없이 다시 스마트폰을 열고 앞으로 돌아가야 했다. 안 되겠다 싶어서 집에 앉아서 들어보니 조금 나았지만 많이 좋아지진 않았다. 변화가 없는 집이라는 공간에도 변수가 존재했고 잠깐 정신을 놓으면 또 금방 다음 문장이었다. 한번은 누워서 들어봤는데 켜놓은 채로 5분이 안 돼 잠이 들었다.

어렵게 오디오클립을 들으며 질문지를 다 작성했지만 마음이 놓이지 않았다. 결국 출간 다음 날 입고된 서점을 뒤져 종이책을 샀고 밤늦게까지 다시 읽었다. 네모반듯한 책을 손에 쥐고 표지를 넘기는데 안도감이 밀려왔다. 당이 떨어져 손이 떨릴 때 입에 달콤한 초콜릿을 넣은 것처럼 진정이 됐다. 이거지, 그래 그래 이거야!

많은 부모가 아이에게 책을 읽어준다. 나 또한 그랬다. 아이는 끊임없이 놀기를 원했고 놀이라는 게 아이 욕구를 채워줄 만큼 다양하지 않았다. 영상을 보여주면 만사가 편했겠지만 그건 처음부터 놀이 목록에서 제외했다. 나이 서른 넘어 접한 나도 부지불식간에 빠져들어 헤어나오지 못하는 것이 스마트폰인데, 스펀지처럼 빨아들인다는 아이의 뇌가 생각할 겨를 없이 그것에 먼저 빠지지 않았으면 해서였다.

인형놀이, 병원놀이, 그림 그리기도 좋지만 책을 읽어주는 건 좀더 효율적이었다. 어지를 일 없고, 움직일 일 없었으며, 운이 좋으면 아이를 재울 수도 있었다! 다리 사이에 아이를 앉히고 함께 그림책을 넘기면서 책을 읽어주면 아이는 뚫어져라 책을 바라봤다. 집중하면 엄지손가락 빠는 버릇을 가지고 있던 아이는 책을 읽어줄 때면 유독 손가락을 더 빨았다. 책장을 넘길 때마다 손가락을 입에서 빼주면서 몇 번이고 책을 읽어줬다.

읽어줄 책을 옆에 잔뜩 쌓아놓고 맥주 마실 때나 쓰던 500ml 컵에 물을 가득 담은 다음 읽기 시작하면 아이는 금방 행복해졌다. 그 컵은 그렇게 유아기 육아 내내 요긴하게 잘 쓰고 이제 다시 제 역할을 하고 있다.

《책 읽는 뇌》의 저자 매리언 울프는 "어휘력 발달과 이후 독해 능력은 서로 밀접하게 연결되어 있기 때문에 유아 시절에 어휘 발달이 늦으면 그저 불운한 일이라고 생각하기에는 너무나 참혹한 악영향을 미치게 된다는 뜻이다. 언어 발달에 관한 한 고립적인 결과란 존재하지 않는다."라고 했다. 그만큼 유아기 독서를 통한 어휘 습득이 절대적으로 중요하다는 말이다.

글을 모르는 유아기, 글이 완벽하지 않은 아동기에 책을 읽어주는 건 좋은 일이다. 책은 만사가 궁금한 호기심 덩어리 유아들에게 알고자 하는 욕구를 해소하는 물건이다. 부모가 읽어주는 책을 통해 단어를 습득하고 어휘를 늘려나간다. 부모와의 대화 속에서 습득하는 것에는 한계가 있다. 의외로 가족들은 매일 비슷한 말을 하고 비슷하게 흥분하고 비슷하게 생각한다. 알콩달콩 대화가 많은 가족이라도 같은 이야기가 반복되기 쉽다. 이럴 때 책이 있으면 대화 주제나 생각의 폭이 금방 확장된다. 노를 저으며 조금씩 나아가던 나룻배가 갑자기 모터를 달고 질주하는 것과 같다. 이런 신나는 모험의 세계에 입장하기 위해 책을 읽어주는 게 필요하다면 기꺼이 해줄 일이다.

책을 읽어주는 것이 '좋다' 아니다, 스스로 읽어야 한다'는 많은 교육학자들의 연구 대상이었다. 실제로 상반되는 연구 결과가 엎치락뒤치락 발표된다. 지극히 개인적 경험을 바탕으로 이야기하자면, 스스로 글을 읽을 수 있게 되면 책은 직접 읽는 게 좋다. 오디오클립으로 인터뷰 준비를 하면서 시각주의력의 중요성에 대해 다시 한번 느꼈다.

청각주의력이 소통과 이해를 위해 필요하다면, 시각 자극을 알아채고 필요한 것들만 기억할 수 있도록 선별적으로 주의를 집중하는 능력인 시각주의력은 새로운 정보를 습득하고 기억하는 데 큰 역할을 한다. 하지만 인류가 듣고 말하기 시작한 한참 뒤에야 뇌의 읽는 기능이 시작됐다. 종교개혁 이후

인쇄술이 발달했을 즈음이니 500년 정도의 역사다. 읽는 행위를 위해서는 뇌의 여러 부위를 동원해야만 가능하다. 듣는 것에 비해 노력이 필요하니 아이들은 한글을 읽게 된 후에도 부모에게 책을 읽어달라고 조르는 것이다. 그게 편하니까.

초등학교에 들어갔으니 지금부터 절대 읽어줄 수 없다고 선을 그을 필요는 없지만, 점차 아이 혼자 읽는 양을 늘려야 한다. 첫번째 장은 엄마 아빠가, 두번째 장은 아이가 낭독하는 식으로 번갈아 읽는 것도 방법이다. 함께 읽는다는 정서적 유대는 그대로 두고 아이가 스스로 읽는 훈련을 시켜보는 것이다.

어느 정도 시간이 지나면 그때부터는 부담스럽지 않은 책을 혼자 읽도록 한다. 이때 부모도 옆에서 함께 책을 읽자. 혼자 읽는 게 아니라 함께 읽는다는 느낌을 갖게 하려고 우리는 항상 "너는 네 책 읽어. 엄마(혹은 아빠)는 엄마(혹은 아빠) 책 읽을게."라고 했다. 실제로 나나 남편 중 시간이 되는 사람이 함께 읽었고, 아이가 다 읽고 나면 꼭 내용을 물어봤다. "무슨 얘기야? 주인공은 누구야? 무슨 일이 벌어졌어?" 아이는 엄마 아빠도 모르는 걸 자기가 안다는 것에 뿌듯해하며 내용을 설명했다. 따로 시간을 내기보다 밥을 먹거나 차로 이동할 때 책의 내용이 이야깃거리가 됐다. 시간이 좀 지나 책 읽는 습관이 든 후에는 우리가 책을 읽지 않아도 아이 스스로 책을 찾아 읽었다.

공부에 도움되지 않는 책을
좋아해요

공부에 도움이 되는 책은
따로 있지 않다는 게 나의 입장이다.

한동안 아이의 꿈은 프로파일러였다. 〈그것이 알고 싶다〉 등의 영상 미디어가 아니라 순전히 추리소설을 읽은 결과였다. 현실 세계에서 유명한 교수들도 관심 밖. 소설 속 범인 잡는 프로파일러들에게 빠져서 진로를 거의 정한 듯 보였다. 초등학교 6학년 어느 날이었는데, 국내 어느 대학 탐정학과에 가겠다고 했다. 우리나라의 범죄심리는 심리 관련 학사를 마치고 석사 공부부터 할 수 있었다. 차선책으로 택한 것이 탐정학과.

　어려서부터 동그란 얼굴형이 빵모자와 어울리긴 했다만, 탐정이 되겠단 말이지. 입시에 성공하면 영국제 트렌치코트를 사줘야 하는 건가. 이왕이면 밝은 곳에서 일했으면 했는데 탐정이 되면 후미진 골목, 엘리베이터 없는 오래된 건물 꼭대기 어두운 사무실에서 일하겠네. 이런 상상을 하며 웃으며 응원한다고 했다. 아이는 배시시 웃고 다시 진지하게 추리소설을 탐독했다. 3학년 무렵부터 '최애' 소설이었던 《괴짜 탐정의 사건 노트》가 손에 들려 있었다.

《괴짜 탐정의 사건 노트》는 내가 직접 사다줬다. 인터뷰 기사를 써서 밥벌이를 하는 나는 그날 강남 대치동에서 인터뷰이를 만나고 돌아가기 전 근처 서점에 들렀다. 아직 우리가 책방을 열기 전이었는데, 규모가 제법 되는 동네 서점이 반가웠다. 대치동 서점이라 문제집만 가득할 것 같았지만, 그 안에는 문제집 외에도 분야별 어린이·청소년 문고가 적지 않았다. 대치동 애들은 어떤 책을 고르나 곁눈질로 살펴봤는데, 역시 영어 원서와 문제집이 주였다. 문제집은 됐고, 영어 원서도 아니고, 우리 딸이 좋아하는 재미있는 추리소설이나 사가야지, 하고 서가를 살피다 발견한 책이었다. 시리즈 전권이 있진 않았지만 어차피 전권을 살 건 아니었으므로 두 권을 골랐다. 제목부터 아이가 좋아할 것 같아 사면서도 조금 흥분됐다.

집에 돌아와 책을 건네자마자 아이는 환호했다. 예상 적중. 그날 저녁 당장 읽기 시작하더니 금세 두 권을 다 읽고 시리즈의 다른 책도 보고 싶다고 했다. 그렇게 한 권씩 한 권씩 사게 된 《괴짜 탐정의 사건 노트》는 중학생이 된 지금까지 가족 모두 게으름을 피우고 싶은 주말 아침, 잠옷을 입은 아이의 선택을 받으며 여전히 사랑을 담뿍 받고 있다.

다음 해 방학에는 도쿄 여행을 길게 했는데, 그때 아이의 소원은 도쿄에 가서 《괴짜 탐정의 사건 노트》의 작가 하야미네 가오루를 만나는 것이었다. 말도 안 되는 소리였지만 이번에도 나는 진지하게 "그래보자!" 하고 부추겼고 아이는 가기 전까지 책을 외울 듯 읽고 또 읽었다.

도쿄에 도착해 이 서점 저 서점 가보았지만 하야미네 가오루는커녕 일본어로 된 《괴짜 탐정의 사건 노트》를 찾기도 힘들었다. 준비된 책이 없으니 인터넷으로 주문하라는 이야기만 듣고 돌아왔지만 아이는 개의치 않았다. "만나고는 싶은데 다음에 보지 뭐." 하고 상대가 먼 친척이라도 되는 양 쿨하게 말했다. 어차피 아이에게 중요한 건 《괴짜 탐정의 사건 노트》의 사건들이 벌어진 도쿄라는 공간이었고, 그보다 더 소중한 건 이야기 그 자체였다. 비행기에 들고 탄 시리즈 중 사랑하는 몇 권은 여행 내내 아이의 벗이었다. 아이는 말이 통하지 않는 낯선 곳에서 엄마가 쇼핑을 하느라 잠시 정신이 나가 있는 동안 잘 꾸며진 매장의 소파에 앉아 느긋하게 자신의 벗과 대화를 나눴다. 훗날 《괴짜 탐정의 사건 노트》 시리즈는 우리 부부가 마을에 문을 연 작은 책방의 오픈 초기 효자 상품이 됐다.

아이는 얼굴이 더 동그래지면서 탐정 모자가 안 어울릴 수도 있겠다 싶을 때쯤, 그러니까 탐정학과를 이야기한 지 1년쯤 지나 범죄심리로 유명한 대학 리스트를 들이밀었다. 주로 런던에 있는 학교들이었다. 런던에서 공부를 하기 전에 런던에 가보고 싶다고 했다. 해리 포터의 고장이자 셜록의 나라인 영국 런던 여행은 그렇게 책 속 인물에 대한 동경으로 시작됐다.

공부에 도움이 되는 책은 달리 말하면 성적 향상에 도움이 되는 책을 의미할 것이다. 이런 의미에서 공부라면, 공부에 도움이 되는 책은 따로 있지 않다는 게 나의 입장이다. 우리나라에서 진로를 정하는 것은 학업 성과와 면밀하게 연결되는 일이니, 부모 입장에서 책 읽기가 공부에 도움이 되기를 바라는 것은 어쩌면 당연한 일이다. 하지만 책을 읽어야 하는 이유는 책 속에서 흥미로운 것들을 계속해서 발견하는 기쁨 때문이다. 이 기쁨은 아이가 스스로 양질의 정보를 깨우쳐가며 지식을 얻고, 모호하고 치우친 정보가 넘치는 세상에서 바르게 판단하며 계속해서 꿈을 꾸고, 그 꿈을 이루기 위해 나아가는 데 동력이 될 것이다.

책 속에서 '탐정'이라는 멋진 꿈을 발견했던 아이는 고등학교 진학을 앞둔 중3 겨울방학 내내 진지하게 진로를 고민했다. 아이가 고민하는 동안 나는 늘 하던 것처럼 이런저런 책을 권했다. 여전히 공부와 관련 없는 다양한 분야와 장르의 책이었다. 그리고 아이는 그 안에서 마침내 자신의 고민을 덜어줄 책을 만났다고 했다. 물론 진로가 다시 바뀔 순 있지만 책 속의 내용이 어렴풋한 선택에 확신을 주었다며 안도했다.

다음은 당시 아이가 썼던 글의 전문이다.

과학의 힘
─《사람의 자리》를 읽고

대한민국에서는 고등학교를 가기 전부터 진로를 결정해야 대학에 조금 더 수월하게 갈 수 있다. 그래서 나 같은 예비 고1들은 매일 나중에 어떻게 밥벌이를 할지 벌써부터 고민한다. 나는 중1 때까지 사회학과에 가고 싶었다. 정의로운 일을 하고 싶었던 나는 사회학과가 매력적으로 다가왔다. 정의로운 일을 하려면 먼저 사회의 부조리함과 잘못된 사회 구조를 아는 사람이 되어야 한다고 생각해서였다.

주변의 다른 친구들과는 달리 진로를 정했다고 생각한 나는 여유로워졌다. 그런데 중학교 2학년, 예상치 못했던 코로나 때문에 집에 있는 시간이 많아졌다. 단순히 생각할 시간이 많아서였는지, 그냥 내 마음이 바뀌어서였는지 나는 갑자기 이과에 가고 싶어졌다. 그렇게 마음을 먹으니 자연스레 사회학과라는 꿈도 없어졌고, 고등학교까지 시간도 얼마 안 남았는데, 하면서 조급해지니 더욱더 내 꿈을 찾는 게 힘들었다. 또 정확히 어떤 직업들이 있는지도 제대로 몰랐고, 그 계열의 학과들도 나에겐 생소했다.

3학년이 되고 상담을 할 때마다 어느 학과에 가고 싶냐고 물어보는 선생님 때문에 한 번 더 내 꿈에 대해 생각해봤다. 난 정말 하고 싶은 게 뭘까? 도대체 어느 학과에 가야할지 감이 잡히지 않았다. 처음에는 자연계열보다는 공학계열이 좀 더 낫지 않을까, 그냥 조금 더 실용성 있는 학문인 것 같단 단순한 생각으로 공학계열 학과를 희망했다. 사회학과는 사회를 분석하고 수치로 나타내는 일은 할 수 있겠지만, 실질적으로 사람들에게 도움을 주는 시스템이나 구조물을 만드는 것은 과학자, 기술자라고 생각한다. 그래서 구조를 만들고 시스템을 만들 수 있는 공학과를 가고 싶었다.

그렇게 학과를 정하고도 고민은 계속되었다. 직업을 정확하게 정한 것도 아니고, 내가 정말 그 분야에 흥미가 있나? 하는 의문도 떠나지 않았다. 또한 여전히 정의로운 일을 하고 싶었는데, 공학 계열 학과를 진학하면서 어떻게 내가 사람들을 도울 수 있지? 하는 고민이 있었다. 그런데 이번 《사람의 자리》를 읽으면서 내 생각이 조금 정리가 되었다.

《사람의 자리》에서 특히 인상 깊었던 부분은 네덜란드의 해양연구소 마린에 관한 이야기다. 세월호가 침몰하고 난 후, 세월호 선체 조사 위원회에서 마린에게 실험을 의뢰했다. 마린은 세월호와 똑같은 모형을 만들어 그 상황을 재현하고, 세월호가 침몰한 원인을 알아냈다. 조사 위원회와 유가족은 그 실험을 봤다. 하지만 의뢰된 실험이 모두 끝났음에도 마린은 세월호에 대한 연구를 계속했다. 세월호 같은 해양 참사는 다시는 일어나면 안 될 일이고, 그런 참사를 막는 것이 본인들 같은 해양과학자들의 의무라고 생각해서였다. 단순히 실적을 내고 의뢰된 것을 처리하는 것이 아니라, 사명감을 가지고 일을 하고 있다는 점에서 크게 감동을 받았다.

이번 책을 읽고 과학의 역할에 대해서 다시 한번 생각해보게 되었다. 그리고 내가 그렇게 하고 싶었던 '정의로운' 일도 과학의 힘을 빌려서 할 수 있겠다는 생각이 들었다. 지난 일 년 내내 고민해봐도 나오지 않았던 내 흥미와 진로의 답이 어쩌면 나올 수도 있겠다는 기대에 찼다. 책에서 세월호 유가족 중 한 명은 저자를 붙잡고 이 현상을 논리적으로 증명할 수 있는 물리학자 친구를 소개해줄 수 없냐고 부탁한다. 수십 년 뒤에 나는 이런 부탁에 응하는, 필요한 사람들에게 쓰이는 유능한 공학자이기를 바란다.

책 보는 건 좋은데
시력이 너무 안 좋아요

눈이 나빠지는 건 많이 속상한 일이지만
눈만 나빠진 게 아니라
책 읽는 습관도 길러졌으니
하나 잃고 열을 얻었다고 생각하기로 했다.

집에는 늘 약간 붉은빛이 도는 진한 갈색의 결명자차가 있었다. 결명자차를 마셔본 사람들은 알 것이다. 그 특유의 맛과 향을. 나쁘진 않았지만 가끔은 평범한 맛의 구수한 보리차를 먹고 싶었다. 그러나 내가 안경을 쓴 이후로 우리 집은 무조건 결명자차였다.

엄마는 눈에 좋다는 것이면 무엇이든 했다. 아침저녁으로 눈 영양제 토비콤을 준비하고, 눈을 맑게 한다는 결명자차를 끓이고, 눈에 좋은 비타민 A가 듬뿍 들었다는 소의 생간을 수시로 공수했다. TV를 볼 때는 꼭 핀홀 안경을 쓰게 했다.

안경을 쓴 게 열 살 무렵이었는데 엄마는 내가 중학교에 들어갈 때까지 시력 회복의 희망을 놓지 않았다. 유난스러운 엄마와 달리 조용히 지켜보고 있던 할머니는 내가 중학생이 되자 쿨하게 콘택트렌즈를 사주셨다. 교복을 입고 할머니를 따라간 안경점에서 손을 덜덜 떨며 처음 렌즈를 꼈다. 결명자 차도 토비콤도 핀홀 안경으로도 안 되던 안경 탈출이 단박에 이뤄졌다. 계산을 마친 할머니는 빙긋 웃으며 말했다. "좋아?" 좋았다. 콘택트렌즈를 끼고부터 안경 때문에 눈이 콩알만 해지지도 않았고 앞머리가 뻗칠 일도 없었다.

부모님 시력이 매우 좋았음에도 우리 세 자매는 모두 마이너스에 마이너스에 마이너스 시력을 가졌다. 시력이 좋은 부모에게 이런 시력이 나오는데, 얇은 안경테가 감당하지 못하는 두꺼운 안경 렌즈를 써야 하는 엄마와 아빠를 두었다면 얼마나 위험하다는 말인가. 아이를 낳고 다른 건 몰라도 눈만 나빠지지 않길 바랐다. 안경 쓰는 불편함. 눈이 콩알만 해지고 머리가 뻗치는 것 외에도 추울 때 더울 때의 거추장스러움을 너무 잘 알아서였다.

하지만 자식 일 대부분이 그렇듯 이 또한 내가 원한 대로 되지 않았다. 대를 잇듯 딸아이가 딱 열 살에 안경을 꼈다. 엄마가 나의 눈 때문에 유난을 떨었을 땐 어차피 좋아지지도 않을 건데 왜 저러나 했는데 내가 엄마가 되니 그 마음이 너무나 이해가 갔다.

그러나 엄마와 달리 토비콤도, 결명자차도, 핀홀 안경도, 생간도, 다 효과가 없다는 걸 잘 아는 나는 일단 아이 손을 잡고 안과에 갔다. 잘 때 끼고 자면 자는 동안 렌즈가 각막을 눌러 시력을 교정한다는 드림렌즈를 맞추기 위해서였다. 누가 이름을 지은 건지, 정말 드림이었다. 잘 때 끼고 있기만 하면 눈이 좋아지는 꿈같은 렌즈! 드림렌즈는 개인 각막 모양에 맞춰야 하는 거라 여러 검사를 하고 샘플을 끼워보기로 했다.

아이는 울며불며 못 끼겠다고 뒷걸음질을 쳤다. (역시 자식은 내 마음대로 되지 않는다.) 어르고 달랬다. 보는 눈이 많아 소리치지 못하는 대신 세상에서 제일 무서운 얼굴로 압박도 했지만 결국 실패했다. 무서워서 못 하겠다면서 벌벌 떠는 바람에 샘플을 껴보지도 못했다. 그 모습을 가만히 보던 의사 선생님은 매일 밤 전쟁을 치를 순 없으니 다시 생각해보라고 했다. 매일 해야 하는 일인데 그렇게 기운이 빠지면 서로에게 못할 짓이라며 만류했다. 한숨이 나왔다.

"도대체 왜 눈이 나빠진 걸까요? 저희 시골에 살아요. 밖에 나가면 논과 밭이고 집에서 보이는 거라곤 산밖에 없어요. TV도 없고, 이 친구 스마트폰도 없어요. 게임도 안 해요. 원인이 뭐죠?"

"책도 안 읽나요?"

"책은 좀 많이 읽어요."

"어머니, 아이가 책 많이 읽는 게 좋아요? 안 읽는 게 좋아요?"

"읽는 게 좋죠."

"그럼 주기적으로 시력 체크하고 시력에 맞는 안경 씌우세요. 책 좋아하는 애들은 눈 나빠질 수밖에 없어요."

그렇다. 그러하다. 책을 읽으면 눈이 나빠지기 쉽다. 책을 읽는 행위 때문이 아니라 책 읽을 때의 자세나 환경 때문이다. 적당한 조명 아래서 허리를 곧게 펴고 30센티미터 정도 떨어뜨려놓고 책을 읽으라는데, 책 좀 읽어본 사람들은 알다시피 읽다가 몰입이 되는 순간 그 자세가 유지되는 건 쉽지 않다.

아이는 불평 없이 안경을 쓴다. 뻗칠 앞머리가 없어서인지 딱히 불편한 것 같지도 않다. 이왕 이렇게 된 거 마음을 편안히 갖기로 했다. 부모가 고도 근시일 경우 유전될 확률이 높고 책까지 열심히 읽는 데 도리가 있나. 그나마 컴컴한 방에서 게임을 하다가 나빠진 게 아니니 다행이라고 애써 위로한다. 어차피 성장이 멈추면 시력 저하도 멈추게 되어 있다니 말이다. 요즘은 렌즈 압축도 뛰어나고 예쁜 안경테도 많다. 아직 부작용에 대한 걱정이 있지만 우리 아이가 어른이 될 쯤엔 시력교정술도 분명 더 발전할 것이다. 눈이 나빠지는 건 많이 속상한 일이지만 눈만 나빠진 게 아니라 책 읽는 습관도 길러졌으니 하나 잃고 열을 얻었다고 생각하기로 했다. 아이가 시력이 나빠지는데 자꾸 책을 읽는다면 이거 하나만 기억하자. 모두 다 좋을 순 없다.

학습만화만 읽어요

글을 요약하기 위해 만들어진 만화책이 아닌
만화 그 자체로 작품인 책을 읽기를 추천한다.

내비게이션이 없던 시절을 기억한다. 취재나 인터뷰를 다닐 때 항상 지도를 펼쳤다. 길을 미리 알아놓는 것은 일의 일부였다. 지도를 펼쳐서 가는 길과 랜드마크를 확인하고 몇 번째 골목인지 외우는 작업을 거쳐야 비로소 진짜 일이 시작됐다. 가끔 목동이나 여의도처럼 일방통행길이 많은 동네로 가는 날엔 전날 밤 약도를 그리기도 했다. 고속도로를 이용할 때는 어느 나들목에서 나가 다시 몇 번 도로로 합류하는지 자세히 적은 포스트잇을 핸들에 붙여놓고 길을 나섰다. 그렇게 다닌 길은 좀처럼 잊히지 않았다. 그 시절엔 나만의 지름길을 찾아내기도 하고 좋아하는 길로 일부러 돌아가기도 했다. 그러니까 다 내비게이션이 없던 때의 일이다.

지금은 그 시절 꿰고 있던 길도 가물가물하다. 내비게이션이 모두 알아서 가라 마라 해주니 굳이 머리를 써가며 길을 외울 필요도, 외워놓은 길을 기억할 필요도 없다. 수없이 다니던 길도 내비게이션을 켜고 움직여야 마음이 편안하다. 길뿐인가. 전화번호는 어떤가. 스마트폰이 없던 때 머릿속에 가족 친지 친구의 번호 수십 개가 또렷하게 존재했다.

우리의 뇌는 이런 식이다. 적응이 어찌나 빠른지 주변 상황에 맞춰 자기를 금방 바꿔버린다. 이런 특성 덕분에 진화하기도 퇴화하기도 한다. 스마트폰의 출현으로 전화번호를 외우고 길을 익히는 쪽은 분명 퇴화됐다. 그런데 만약 스마트폰을 없애고 옛 생활로 돌아간다면 다시 전화번호를 외우고 길을 잘 익히게 될까? 집 나간 뇌 기능이 돌아올까? 아마 참지 못하고 다시 최신형 휴대폰을 장만할 것이다.

학술지에서 읽어서가 아니라 내가 겪어서 너무 잘 알기 때문에 아이에게 처음부터 학습만화를 읽히지 않으려고 노력했다. 아이가 언젠가 만화를 읽게 되리라는 건 알았다. 나 또한 초등학교 아니 국민학교 때 한 달에 한 번 《보물섬》을 사는 게 큰 낙이었고, 중고등학교 시절 방학이면 대여점에서 만화책을 잔뜩 빌려 읽으며 재미와 위트와, 만화만이 가지고 있는 간단하면서 편안한 전달 방식을 좋아했다. 하지만 그렇기 때문에 아이만큼은 학습만화의 강점인 간추려진 전달 방식을 최대한 늦게 접하길 바랐다. 만화가 어려운 이야기를 쉽게 이해하고 복잡한 서사를 따라가는 도구가 될 수 있겠으나, 그렇게 간추려 알게 된 지식은 금방 잊히기 때문이었다.

우리 아이도 아예 안 읽은 건 아니다. 학교, 도서관, 친구집 어디든 학습만화를 접할 수 있었다. 그럴 땐 보게 됐다. 대신 그 장소에서 보는 것으로 끝.

다 커서 중학생이 된 아이에게 물었다. "학습만화 안 사줬잖아. 어땠어? 다른 친구들 읽는데 읽고 싶진 않았어?"

"그게 시간 때우기는 좋은데 그 시간에 얇은 소설 읽는 게 더 재미있었어. 그리고 엄마 나 학습만화 사줬잖아."

"내가? 무슨 소리야."

"어과동!《어린이 과학동아》도 학습만화랑 뭐가 달라. 나 초등학교 때 그거 엄청 좋아해서 정기구독해주고, 매달 오는 날만 기다렸잖아."

세상에! 그 잡지는 4차산업 혁명기의 어린이에게 과학 발전의 동향을 알려줄 좋은 글이 담겨 있을 거라고 생각해 구독해준 것이었다. 무척 좋아하기에 굉장히 흐뭇해하며 과학자가 되려나 하는 기대를 살짝 하기도 했다. 부모들은 왜 번번이 속으면서 포기하지 못하는 것일까? '학교 종이 땡땡땡'을 치는 순간 피아니스트를 기대하고 색칠을 정갈하게 하는 순간 미술학원을 알아보고, 레고 잘하면 건축가, 장난감 청진기를 귀에 꽂기만 해도 의사가 되려나 하는 이 설레발. 알랭 드 보통이 말했지. "내 아이가 평범하다는 걸 깨닫는 것이 부모가 되는 과정"이라고. 어쨌든 과학자가 될지도 모른다는 기대로 가슴을 두근거리게 했던 《어린이 과학동아》의 배신이라니.

"애들이 왜 학습만화를 읽는 줄 알아? 시간이 잘 가기도 하고 '학습'이란 단어가 붙은 만화는 '학습'한 것 같은 착각을 불러일으키고 '학습'했다는 명분이 되기도 하니까. 읽고 나서 엄마한테 미안하지 않을 수 있거든. 나야 그때부터 추리소설이 훨씬 재미있어서, 딱히 관심이 가지 않았던 것뿐이지."

학습만화의 재미를 물리친 추리소설에 흥미를 느낀 건 유아 시절부터 꾸준히 해온 양질의 독서 덕이었다. 가끔 책방에 아이들 책을 사러 온 엄마들에게 책을 추천해주면 글이 많다고 걱정하곤 한다. 언제까지 짧은 글만 읽을 수는 없다. 책을 읽힐 땐 좀 과감해져도 된다. 처음에 더뎌도 금방 적응하게 되어 있다. 인간의 뇌가 그러하다지 않는가. 어떻게 쓰느냐에 따라 뇌의 신경망이 발달하기도 퇴화하기도 한다. 하나씩 독파하며 성취감을 느끼기 시작하면 그때부터다.

제일 좋은 건 책의 즐거움을 먼저 알게 하는 것. 이미 학습만화에 빠져 글이 많은 책은 안 읽는 친구들이라면 글을 요약하기 위해 만들어진 만화책이 아닌 만화 그 자체로 독창적인 이야기를 선보이는 책을 추천한다.

일제강점기 민초들의 독립운동사를 다룬 박시백 작가의 '35년' 시리즈나 제2차세계대전 당시 나치가 유대인을 구석구석 다니며 병균을 옮기는 쥐로 결부시켜 혐오를 조장했다는 내용의 아트 슈피겔만의 《쥐》, 고전작품을 기본 소재로 성소수자였던 아버지와 자신의 이야기를 담담히 쓰고 그린 앨리슨 벡델의 《펀 홈》 등 학습만화처럼 현란하진 않지만 그림이 있고 그 안에 자꾸 생각나게 하는 이야기가 온전히 담겨 있는 만화를 선별해 읽혀보자. 소장하고 여러 번 다시 읽어도 좋고 가족 모두 함께 읽고 토론하기도 좋은 만화들이다.

고학년인데도
그림책을 더 선호해서 걱정이에요

글이 많은 책을 보기 싫어하는 아이라면
친구들과 그룹을 지어 읽는 방법을 추천한다.

우리 아이는 분교 출신이다. 지금도 그럴지 모르겠지만 당시 분교는 경제성으로 볼 때 골칫덩이였다. 교육청 입장에서는 몇 안 되는 아이들을 본교로 옮겼으면 좋겠는데, 학부모들이 펄펄 뛰는 바람에 번번이 무산됐다. 그 펄펄 뛰는 학부모 중 한 명이었던 나는 모르긴 몰라도 미움깨나 샀을 것이다. 어쨌든 아이들도 몇 명 안 되고 지원도 신통치 않은 분교에도 교실을 고쳐 만든 작은 도서실이 있었다. 선생님들은 매 학기 예산을 들여 새로운 책을 구비했고 '아침 책 읽기 시간' 등을 만들어 아이들에게 독서를 장려했다.

　　시골길을 지나던 사람들이 차를 세우고 사진을 찍곤 하는 아름다운 풍경 속에 자리한 학교는 책 읽기 좋은 장소가 천지였다. 느티나무 아래, 은행나무 사이, 한적한 스탠드, 뻥 뚫린 운동장, 뽑히지 않고 그 자리에 남은 나뭇등걸. 책만 있다면 어디든 앉아서 혹은 누워서 이야기 속으로 빠져들기 딱 좋았다. 하지만 아이들에게 그곳은 뛰어놀기 딱 좋은 곳일 뿐이었다. 뭐 그래도 좋은 일이다. 다 같이 손바닥 위에 올려둔 작은 화면만 들여다보며 점점 등이 굽고 목이 움츠러드는 요즘 같은 때 뛰어논다는 건 책을 읽는 일만큼 소중한 풍경이다.

선생님들은 경쟁도 시기 질투도 없이 그저 매일 땀에 흥건하게 젖어 뛰어노는 아이들을 어르고 달래 겨우 도서실로 불러들였다. 그러고 나서 아이들에게 '무조건 아침 시간에 책을 읽어야 하니 어머니들이 도서실 사서로 오시면 책을 꼭 빌리'라고 당부했다. 아이들은 심드렁한 표정으로 땀 냄새를 폴폴 풍기며 들어와 서둘러 책을 골라 대출을 했다. 당시 제일 인기 있던 책은 《만화로 읽는 그리스 로마 신화》였고, 치열하게 경쟁해 빌리던 책은 《기차 ㄱㄴㄷ》이라는 한글 그림책이었다. 기다란 기차가 나무 옆을 지나 다리를 건너 랄랄랄 노래를 부르며 마을을 거쳐 비바람 속을 헤치고 숲속을 지나 언덕을 넘어간다는 한글 떼기용 그림책이었다. 좋은 책이었지만 문제는 그 책을 이미 한글을 다 떼고 알파벳까지 다 뗀 초등학교 고학년 남자아이들이 앞다퉈 빌려간다는 것이었다.

책 읽기가 너무 싫고 또 싫었던 아이들은 쉽고 빨리 읽을 책으로 필사적으로 그림책을 찾아냈다. 그럴 때마다 나는 정말 이걸 읽을 거냐고 여러 번 묻고 다른 걸 가져오라고 시켰다.

그림책이 나빠서가 아니었다. 그림책은 따뜻하고 섬세한 그림 안에 정제한 짧은 글을 담아 상상을 현실로 가져다놓는다. 지식과 정보를 글뿐 아니라 시각적으로 접해 아이들이 더욱 빠르고 쉽게 이해하는 장점도 있다. 아이들은 쉬운 말과 공감이 되는 그림 속에 자신을 투영해 공감하며 위로도 받고 힘을 얻기도 한다. 일본의 심리학자 가와이 하야오가 말했듯 "0세부터 100세까지 즐길 수 있는 책"이다. 문제는 지적 성장을 위한 읽기가 동반되어야 한다는 것이다. 초등학교 고학년이 되면 아이들은 정서적으로나 신체적으로 눈에 띄게 성장한다. 따라서 성장에 맞춰 글이 긴 책을 읽기 시작할 필요가 있다. 그림 없이 긴 글은 당장은 지루할지 모르지만 익숙해지면 상상을 부추겨 미처 알지 못했던 재미를 알게 해준다.

영상의 시대가 도래하고 빠르고 짧고 간단한 글이 득세하면서 긴 글을 읽는 건 그야말로 능력이 됐다. 아이가 중학교에 들어가 깜짝 놀란 것은 교과서에 글이 무척 길다는 것이었다. 읽고 쓰는 게 업인 나도 빡빡하게 글이 채워진 교과서를 읽는 것이 쉽지 않았다. 아이가 교과서를 잘 읽고 좋은 성적을 얻으라고 책을 읽힌 것은 아니다. 공부를 잘하는 대부분의 사람들이 책 읽기를 좋아하지만, 책 읽기를 좋아하는 대부분의 사람들이 공부를 잘하는 것은 아니다. 독서와 성적은 비례하지 않는다. (내가 산 증인이다.)

다만 무리해서라도 글이 많은 책을 추천하며 차근차근 읽혔던 이유는 단순함을 가장한 복잡한 세상에서 쉽게 속지 않길 바라서였다. 적어도 세상이 하는 말을 제대로 이해하며 살아가려면 읽는 능력을 키워야 한다. 그것이야말로 삶을 구성하는 필수 능력이라고 생각한다.

그때 《기차 ㄱㄴㄷ》을 읽던 초등학생들은 어떻게 되었을까? 그들은 하필 긴 글을 읽어야 한다고 주장하는 주인이 있는 책방이 있는 동네에 살아 초등학교 6학년 때부터 매달 한 권씩 고전을 읽으며 중학교 시절을 보냈다. 예상했겠지만 그 책방의 주인은 나다. 아이들은 매월 마지막 주 금요일에 남편과 내가 운영하는 우리의 작은 책방에 모여 이야기를 나눴다.

그림이 함께 있는 프란츠 카프카의 《변신》을 시작으로, 헤르만 헤세의 《수레바퀴 아래서》《데미안》, 마크 트웨인의 《왕자와 거지》《허클베리 핀의 모험》, 어니스트 헤밍웨이의 《노인과 바다》, 조지 오웰의 《동물농장》, 이반 투르게네프의 《첫사랑》, 하퍼 리의 《앵무새 죽이기》, 헤르타 밀러의 《숨그

네〉, 토리 모리슨의 《빌러비드》, 아룬다티 로이의 《작은 것들의 신》 등 길고 긴 책들을 심드렁한 얼굴이었지만 어쨌든 착실히 읽었다. 갑자기 글이 많은 책을 읽으라고 하니 적잖이 당황했다. 신기한 건 학교에서 자기들끼리 만나 서로서로 어디까지 읽었느냐 확인도 하고, 격려도 하면서 중학교를 졸업할 때까지 아이들은 매달 서양고전 한 권씩을 읽어냈다는 것이다. 어렵고 귀찮지만 친구도 하니까, 혹시라도 자기만 안 읽고 가면 이야기에 끼지 못할까봐 걱정되는 마음도 있었을 것이다. 전부 다 이해하지는 못하더라도 청소년기의 데미안이 되어보기도 하고, 청새치를 잡으러 나간 노인이 되어보기도 하는 특별한 경험을 했다.

4년의 대장정을 마무리하는 날, 우리는 《햄릿》을 읽고 등장하는 인물들의 성격과 햄릿의 행동에 대한 분석까지 제법 진지하게 토론을 이어갔다. 마지막 모임을 마치며 아이들에게 "열여섯 살 중 햄릿을 읽고 이해한 대한민국 상위 1%이니, 어깨 쫙 펴고 스스로를 자랑스러워해도 된다."라고 말해줬다.

글이 많은 책을 보기 싫어하는 아이라면 친구들과 그룹을 지어 읽는 방법을 추천한다. 처음에는 주저하고 귀찮아하지만 막상 긴 호흡의 책을 완독하고 나면 뿌듯함을 감추지 못한다.

**동영상은 한 시간도 보는데,
책은 앉아서 10분도 못 읽어요**

산의 정상에 오르면 성취감과 자신감을 얻게 되듯
제대로 한 권을 읽어보는 경험은
독서에 대한 자신감을 심어준다.

이 질문을 보고 뜨끔했다. 내 얘긴가? 요즘 내 집중력은 점점 짧아져서 5세 수준으로 떨어진 것 같다. 소설 한 챕터를 읽기 위해 안간힘을 쓴다. 팬데믹으로 실내 생활이 많아지면서 오히려 집중력이 떨어졌다. 집에 있으면 더 시간을 알차게 보낼 줄 알았는데 외부 활동이 전혀 없으니 오히려 딴짓을 많이 한다. 예전엔 앉은 자리에서 꿈쩍 않고 한 권씩 읽어 치우곤 했다. 평소에는 약속이나 일에 쫓기니 집에 있는 시간만큼은 반드시 읽어야 한다는 생각이 있어서였다.

팬데믹 핑계를 대고 있지만 어쨌든 좀처럼 길게 집중하지 못하는 스스로를 한심하게 돌아보며 프리랜서 일로 인터뷰하며 만난 장석주 시인이 말했던 '몰입의 경험'을 떠올린다. 책을 읽으면서 몰입했던 경험의 흔적이 몸에 새겨져 있는 나는 다시 한번 그 감정을 느끼기 위해 스마트폰을 멀찍이 던져놓고 책 속으로 들어간다. 그러면 집중력이 활성화되면서 5세에서 사십… 어쨌든 다시 돌아온다.

"독서는 어려운 행위가 아니에요. 처음엔 취향과 수준에 맞는 책을 선택하세요. 무엇보다 중요한 게 끝까지 읽는 습관을 들이는 거예요. 한 권을 다 읽고 마지막 책장을 덮었을 때의 성취감이 있어요. 초보자들에게는 이게 정말 귀한 경험이에요. 이해가 되지 않아도 절대 뒤로 돌아가지 마세요. 앞으로 앞으로 읽어나가는 거예요. 이해가 되고 안 되고는 그다지 중요하지 않아요. 책 한 권을 경험했다는 것이 소중한 거죠. 이해는 안 됐지만 분명히 읽는 동안 자기 사유가 있었을 거예요. 흔히 책이 작가가 쓴 정보를 습득하는 거라고 오해합니다. 그런데 책을 읽는 행위는 저자에게 무엇을 배우는 일방통행이 아닙니다. 지식과 정보의 쌍방향적 통행이죠. 저자와 대화를 하는 겁니다."

아이가 동영상은 한 시간도 보면서 책은 10분도 못 읽는다면 책을 통해 대화하는 경험을 하지 못했을 수도 있다. 책 속의 주인공과 교감하며 흠뻑 빠져드는 경험은 중요하다. 책방에서 마을 안팎의 청소년들과 분기에 한 번 《인디고잉》함께 읽기' 시간을 가졌을 때다. 《인디고잉》 함께 읽기'는 부산의 인디고서원에서 청소년들 중심으로 만들어 출간하는 계간지 《인디고잉》을 읽고 관련 기사와 이슈에 대해 함께 토론하는 책방 프로그램이었다.

그날은 《인디고잉》 2020년 봄호에 실린 '우리가 사랑한 소녀, 소년들'을 다루며, "지금까지 접한 소설, 동화, 드라마, 영화, 애니메이션 중 내가 사랑하는 캐릭터는 누구이며 왜 그런가?"에 대해 이야기했다. 아이는 모임이 있기 전부터 몇 날 며칠 고민했다. "《인디고잉》 이번 호 캐릭터 관련 기사 정말 좋았어. 읽을 때부터 내가 좋아하는 캐릭터들이 떠올라서 더 재미있더라고. 기사에 어떤 학생이 헤르미온느 얘기를 했는데, 그걸 보니까 다시 해리 포터에 대한 사랑이 샘솟으면서 마구 읽고 싶어지는 거 있지? 나는 사실 개인적으로 헤르미온느보다 루나 러브굿이 더 좋아. 루나는 가장 똑똑한 아이들을 가르친다는 지혜의 기숙사인 레반클로 출신인데……."

제일 친한 친구를 소개하듯 아이의 표정이 환해졌다. 이렇게 다시 시작되는 것인가, 해리 포터! 해리 포터와의 인연은 아이의 초등학교 3학년 여름방학으로 거슬러 올라간다. 아이가 다니던 작은 분교에는 교실을 고쳐서 만든 도서실이 있었다. 크기는 작았지만 매 학기 새 책을 구입할 만큼 독서와 창작에 대한 선생님들의 열의는 끓어 넘쳤다. 아침에 등교하면 수업 전까지 독서 시간을 가졌고, 한 학년이 끝날 때 아이들의 창작시로 시집이 출간됐다. 거기서 그치지 않고 방과 후에 아이들이 책을 읽을 수 있도록 엄마들이 돌아가며 사서 역할을 해 도서 대출과 독서 지도를 했다.

그래서인지 아이는 학교에서 재미있는 책들을 자주 빌려 왔다. 그렇게 3학년 여름 방학을 앞두고 해리 포터의 1권을 발견했다. 아이는 정신없이 읽더니 바로 다음 권을 가져왔고, 1권과 2권을 다 읽을 때쯤 여름 방학이 시작됐다. 학교에서 책을 빌리지 못하게 되자 마을 도서관에서 책을 빌려왔다. 방학 내내 거의 매일 한 권씩 독파했다. 아침이 되면 새로운 이야기를 펼쳤고 밤이면 행복한 얼굴로 잠이 들었다. 밤이면 아이는 자신이 모험을 다녀온 것처럼 이야기를 들려줬다. 아이도 그랬겠지만 그 시간이 정말 좋았다. 자고 일어나 어느 날 문득 키가 자랐네, 옷이 작네 할 때와는 다른 느낌이었다. 밥을 먹듯 글을 씹어 삼키며 매일 눈금의 위치가 달라지는 것 같았다. 그해 여름 방학을 돌아보며 아이는 '책으로 긴 여행을 다녀왔다'고 표현했다. 이후 아이는 '해리 포터 덕후'가 됐다. 덕분에 향후 몇 년 해리 포터와 관련된 여행지를 찾아다니며 성지순례를 했다. 조앤 롤링이 해리 포터 시리즈를 구상했다는 포르투갈의 도시 포르투에 머물 땐 아예 그리핀도르 망토와 헤르미온느의 지팡이를 들고 여행했다. 런던의 킹스크로스역, 왓포드정션에 있는 해리 포터 스튜디오, 오사카에 있는 유니버셜 스튜디오까지 실제처럼 느껴지는 공간에서 자신이 사랑한 캐릭터들과 진한 교감을 나눴다. 이렇게 책 속의 등장인물과 교감을 나눈 경험은 책이라는 것이 지루하지 않다는 걸 알게 해준다. 책 속에 빠져들면 영상에서 다 볼 수 없는 주인공의 아주 내밀한 것들까지 찾아낼 수 있기 때문이다.

또 하나 책에 집중하기 위해 필요한 경험은 어려울 것 같아 주저했거나 미뤄두었던 책 한 권을 완독하는 것이다. 절대 못 오를 것 같은 산의 정상에 올랐을 때, 자동차로 오가던 거리를 두 다리로 걸어 목적지에 도달했을 때 느끼는 완주의 경험은 짜릿함과 더불어 스스로에 대한 믿음을 준다. 해낼 수 있는 사람이라는 믿음. 산의 정상에 오르면 성취감과 자신감을 얻게 되듯 제대로 한 권을 읽어보는 경험은 독서에 대한 자신감을 심어준다.

어른들이 안다면 아이들도 안다. 동영상을 한 시간 보는 것보다 책을 한 시간 보는 게 자신에게 도움이 될 거라는 사실을. 더 쉬운 걸 택하면서 늘 마음 한편이 묵직하고 불편할 게 분명하다. 요즘의 나처럼.

책에 큰 관심은 없지만, 그래도 친구들과 함께 읽으니 빠지지 않고 매달 고전 한 권씩 읽는 기특한 우리 마을 청소년들 얘기를 다시 해야겠다. 아이들은 너도 나도 스마트폰에 빠져 있다. 책을 읽고 토론하는 날이면 일찍 와서 의자에 앉아 스마트폰을 연다. 와이파이가 빵빵 터지니 신나게 게임도 하고 영상도 본다. 아직 시작 전이므로 그냥 둔다. 잠깐의 시간, 데이터 걱정 없이 스마트폰을 쓸 수 있는 것도 애들이 책방에 오는 이유 중 하나일 텐데 그걸 빼앗고 싶지 않아서다. 열심히 게임을 하다가 시간이 되면 스마트폰을 모두 반납하게 한다. 모두 귀한 시간을 냈으므로 다른 친구에게 방해가 될 순없다. 아이들은 선선히 테이블에 스마트폰을 올려놓는다. 이제 아이들의 손에는 책이 들리고 돌아가면서 감상과 기억에 남는 문장을 소개하고, 주제를 놓고 갑론을박을 펼친다. 안읽어 온 친구들이 간혹 있지만 대부분 싫다 싫다 하면서도 완독해서 온다. 완주의 경험이 있기 때문에 그게 그리 어렵지 않다는 걸 알아서이기도 하고, 친구들 앞에서 창피하고 싶지 않아서이기도 할 것이다. 또래 안에서의 독서 활동은 이런 면에서 중요하다.

책 읽기에 집중하지 못하는 아이라면 친구들을 모아 같은 책을 읽혀보아도 좋다. 어린 아이들이라면 짧은 책을 골라 둘

러앉아 낭독을 시킨다. 친구의 목소리에 집중해야 하므로 저절로 훈련이 된다. 이때 한 사람이 너무 길지 않게 한 페이지 정도씩 번갈아가며 읽는 게 좋다. 한 사람의 낭독 시간이 길어지면 금방 지루해하면서 집중력이 흐트러지기 때문이다. 그렇게 한 번 만나 한 권을 끝내는 경험을 하고 조금 적응이 되면, 각자 한 권씩 읽고 만나 이야기를 나눈다. 책을 너무 어렵지 않은 걸로 고르는 것도 방법이다. 뭐든 혼자보다 누군가 봐주는 사람이 있다면 더 공들여 열심히 하기 마련이다.

이 집이나 저 집이나 10분 집중 독서조차 너무나 어려운 아이들이 많다. 만나라. 만나서 함께 읽고 이야기하며 점점 집중하는 시간을 늘려가자. 직접 만나는 게 제일 좋지만 화상으로 독서 모임을 운영하는 방법도 있다. 팬데믹으로 인해 학교에 가지 못하면서 아이들은 온라인 동영상과 원격 수업에 더 익숙해졌다. 이런 아이들에게 친구들과 온라인으로 만나 책 이야기를 나누기로 약속하고 그 시간까지 책을 읽도록 독려한다면, 멀리 떨어진 친구와도 함께 독서 모임을 할 수 있는 좋은 기회일 것이다. 혼자가 아니라 여럿이 함께라면 분명할 수 있다.

초등학생인데
이해할 리 없는 어른 책을 읽으려고 해요

아이의 감정을 인정해주되
함께 읽으며 이해를 돕는 수밖에.

초등학교(라고 쓰지만 국민학교) 4학년이었다. TV 인형극으로 헤르만 헤세의 《수레바퀴 아래서》를 방영했다. 처음에 밝고 해맑았던 한스가 온 마을의 기대를 받으며 시험에 쫓기다 결국 생을 마감하는 이야기에 정말 엄청난 충격을 받았다. 어른들은 공부만 잘하면 된다고 말했다. 그 말을 굳게 믿고 귀찮은 공문수학도 안 밀리고, 윤선생영어교실도 군말 없이 했는데 공부가 다 무슨 소용인가 싶었다. 거짓말쟁이 어른들에게 반항하고 싶었는데 학습지를 밀려서 혼나는 건 싫었다.

어느 날 배를 깔고 엎드려 어떻게 반항할까 고민하면서 《소년중앙》을 뒤적이다가 헤르만 헤세라는 작가를 발견했다.

그 할아버지가 《수레바퀴 아래서》의 원작자이고 《데미안》이라는 소설을 썼는데 정말 훌륭한 작품이라는 기사였다. 어떤 경로로 《데미안》이 내 손에 들어왔는지 정확하진 않다. 다만 아무도 알아주지 않는 나 혼자만의 반항의 의미로 꽤 긴 시간 책가방에 항상 《데미안》을 넣어 다녔다는 건 또렷하게 기억난다. 어린이용 얇은 문고판이 아니라 글씨도 작고 중간중간 한자가 섞여 있는 원본 번역서였다.

읽어도 읽어도 이해가 되지 않았지만 틈만 나면 《데미안》 읽기를 시도했다. 심각한 표정으로 턱을 괴고 앉아 읽는다기보다 책을 뒤적이고 있으면 동생은 자동으로 멀찌감치 떨어졌다. 책이 이해되지 않았지만 그걸 볼 때 나에게 만들어지는 고뇌하는 표정이 좋았다. 가방 안에 《데미안》이 있는 것만으로 어른들에게 더 이상 휘둘리지 않는 어른이 된 기분이었다.

《데미안》은 여러 가지 교훈을 주었다. 책은 가지고 다니기만 한다고 이해하게 되지 않는다는 것, 한자를 모르면 절대로 어른들의 책을 끝까지 읽을 수 없다는 것, 《수레바퀴 아래서》와 《데미안》의 고민은 차원이 다르다는 것, 그리고 《데미안》 좀 읽는다고 하면 어른들이 감탄을 아끼지 않는다는 것. 그렇다. 모든 것이 힘들고 불편하고 의미 없었지만 단 하나 어른들의 찬사가 나를 전율하게 했다. "어머, 재영이는 저렇게 어려운 책을 읽어요?"라고 하면 엄마는 그게 무슨 별일이냐는 듯한 말투로 "워낙 책을 좋아하잖아. 나도 몰라. 읽고 싶대서 사줬어."라고 받아쳤다. 거실에 앉아서 과일을 더 먹고 싶었지만, 그런 얘기가 나오면 책 읽는 아이의 모습을 보여야 한다는 생각에 방에 들어가 턱을 괴고 책을 펼쳤다. 한자가 자꾸 눈에 걸려 읽지는 못하고 그저 뒤적이기만 하면서.

초등학교 아이가 성인 대상 책을 읽으려고 한다는 건 빨리 어른이 되고 싶다는 방증일 수 있다. 내 경우가 그랬다. 빨리 어른이 되고 싶어서 읽다가 어른 대접을 받는 기분을 살짝 느끼기 시작하면 마치 어른이 된 것 같았다. 그 기분이 좋아서 이해하지도 못하는 어려운 책을 자꾸 골랐다. 다시 강조하지만 이해하지는 못했다.

아이가 어른 책을 읽으려 한다면 먼저 함께 읽어보자. 함께 읽고 내용에 대해 이야기 나누며 진짜 이해를 했는지 확인하는 시간을 갖는다. 나와 달리 영리하고 영특한 요즘 아이들은 열한 살에도 《데미안》을 이해할지 모른다. 이때 아이를 무시하거나 얕잡아 확인하는 방식은 좋지 않다. 최대한 같은 책을 읽은 동료의 입장으로 접근하는 게 좋다. 어른 책을 읽는 아이들은 스스로를 아이라고 생각하지 않을 확률이 높다.

방법이 없다. 이럴 땐 충분히 아이의 감정을 인정해주되 함께 읽으며 이해를 돕는 수밖에. 어른 책을 아이가 읽지 못할 이유는 없다. 다만 책을 읽는 게 아니라 '책 읽는 행위'에 의미를 두어 본질을 놓치는 게 아쉽다. 이걸 방지하려면 책을 '읽게' 하면 된다. 아이들이 성인 책을 잘 이해하지 못하는 이유는 상대적으로 배경 지식이 적어서이다. 이럴 때는 아이에게 역사나 문화 등 관련된 배경 지식을 미리 알려주면 좋다.

'아니 그런 걸 일일이 다 어떻게 알려주냐. 그건 문학 공부한 엄마 아빠나 하는 게 아니냐' 하는 걱정은 하지 않아도 된다. 인터넷이 다 알아서 해준다. 나도 내 아이에게 《데미안》을 읽힐 때 포털 사이트에서 헤르만 헤세를 검색해 조사하고 공부해서 설명해줬다. 책방 북유럽의 고전 토론은 또래 아이들 수준보다 다소 높은 수준의 고전들로 이뤄진다. 토론 전에 아이들에게 작가에 대해, 작품의 배경에 대해 자세히 설명을 해준다. 처음에는 무슨 소린지 모르겠다던 아이들도 설명을 듣고 나면 고개를 끄덕인다. 토론이 끝나면 늘 하는 말이 있다.

"얘들아, 이 책 꼭 나중에 다시 읽어봐. 오늘 느낀 것과 또 다른 걸 얻을 수 있을 거야."

그렇게 엄마 아빠와 함께 읽은 책 리스트를 정리해뒀다가 청소년이 되면 다시 한번 권하자. 중학생이 되어 성인 책을 읽는 친구들과 깊이가 다른 독서를 하게 될 것이다. 우리 아이는 5학년 때 한 번, 중학생이 되어 한 번《데미안》을 두 번 읽었다. 처음 읽었을 때와 두번째 읽었을 때 이해의 깊이가 달라졌음은 물론이다.

한 분야 책만 좋아하는데,
다른 분야 책은 어떻게 읽힐까요

한 분야의 책을 좋아한다면 매우 긍정적인 시그널이다.
아이가 자신의 주관이 생겼다는 뜻이고
자아가 잘 발달하고 있다는 의미다.

우리 부모님은 딸 셋을 낳으셨는데, 신기하게 우리 셋은 비슷한 점이라고는 찾아볼 수 없다. A, B, O로 혈액형도 전부 다르고, 키, 얼굴형, 피부색, 관심사, 취향 어느 것 하나 같지 않다. 한 부모 밑에서 태어난 자매들도 이렇게 제각각이다.

책도 저마다 취향이 있다. 책방에 오는 손님 중에는 단호하게 "일본 번역 소설은 별로."라고 한 경우도 있었다. 또 국내 소설은 읽지 않거나 에세이만 읽는 경우도 있다.

전문적인 분야, 가령 미술사나 음악사 혹은 스포츠나 과학기술 등의 한 분야를 파고든다면 깊이와 이해가 남다를 수 있다. 그러나 어느 한 분야만 좋아한다는 건 더 좋은 세상을 곁에 두고 못 가보는 것과 같다.

모든 지식은 연결되어 있다. 한 분야라도 분명 다양하게 줄기를 뻗어 있다. 채소를 좋아해서 채소 요리를 섭렵하는 것과 채소 중 좋아하는 당근만 먹는 것의 차이다. 전자는 다양한 채소 요리를 즐기는 사람이지만, 후자는 편식하는 사람이다.

아이가 읽는 책을 같이 살펴보면 그 분야에서 알아야 할 여러 가지 것이 보인다. 게임 잡지를 열심히 읽는다면 게임의 개발, 게임 시나리오 창작, 게임 디자인, 게임 음악 등 여러 분야로 세분화할 수 있다. 그냥 글쓰기 관련 책을 읽자고 하면 말을 듣지 않을 테니, 글을 잘 쓰면 게임 속 세상을 창조할 수도 있다고 말해준다. 그림을 알아야 캐릭터 디자인을 잘할 수 있고, 음악 공부도 좀더 해보자고 설득해본다. 조삼모사가 맞지만, 아이들에겐 무턱대고 관심도 없는 책을 읽는 것보다 훨씬 솔깃한 제안이다.

우리 아이의 경우는 한때 한 장르만 사랑했다. 다른 많은 아이들이 그렇듯 추리소설에 푹 빠졌다. 가장 좋아하는 장르라고 말하기에 양껏 읽혔다. 아이가 청소년 추리소설을 여러 권 읽고 나면 성인용 추리소설을 추천하고, 추리소설 장르가 발달한 일본의 작가들을 소개했다. 책을 읽고 나면 잊지 않고 내용에 대해 물었다. 궁금하지 않았지만 궁금한 척하며 물었다. 아이는 신나서 읽은 걸 소개해줬다.

추리소설이 끝난 다음엔 판타지 소설이었고, 그다음에는 국내 청소년 소설에 관심을 가졌다. 읽고 싶은 걸 배불리 읽게 하면서 중간중간 아이에게 다른 분야 책을 쓱 들이밀었다. 《10대를 위한 빨간책》이나 《자유론》 같은 사회과학 서적이었다. 억지로는 아니지만 네가 읽고 싶은 걸 저만큼 읽고 있으니 이거 한번 읽어보는 게 어떠냐는 부탁을 했다. 배가 부르면 사람은 너그러워진다. 아이는 선선히 다른 책도 읽었다.

이런 얘기를 하면 주위에서 비현실적이라며 핀잔을 준다. 아이가 읽고 싶은 책이 있다고 말하는 것이 일단 말이 안 되고, 그걸 양껏 읽게 했다고 좋아하는 게 순 거짓말이며, 중간중간 다른 책까지 권하는 대로 '순순히' 읽는 건 현실 세계에서 없는 일이라면서.

인정한다. 누구나 이렇지는 않다. 그러니 이 책을 쓰며 내내 강조했듯 아이의 독서를 주제로 동화 같은 이야기를 완성하고 싶다면 읽고 읽혀야 한다. 책을 읽는 게 자연스러워지도록 더 이상 이상한 일이 되지 않도록.

한 분야의 책을 좋아한다면 매우 긍정적인 시그널이다. 아이가 자신의 주관이 생겼다는 뜻이고 자아가 잘 발달하고 있다는 의미다. 독려하되 그것에 매몰되지 않도록 부모가 옆길을 잘 닦아주는 게 중요하다.

책을 순서대로 읽지도 않고
이것저것 읽다 말아요

여러 권을 번갈아 읽게 두되
반드시 끝을 보라고 독려해야 한다.
"읽었어? 다 읽은 거야?" 이런 확인 말고.

오래전 방영된 독서 관련 다큐멘터리*에 일본 기업인 나루케 마코토가 출연했다. 30대 중반, 글로벌 기업의 일본법인 지사장이라는 나이와 직책이 이름 옆 괄호에 담긴 그는, 책으로 가득한 자택에서 인터뷰를 하고 있었다. 서점처럼 단정하고 가지런한 책장에 책들이 햇살을 받고 죽 진열되어 있었다. 카메라는 그의 집 곳곳을 훑으며 보여줬는데 책장이 있는 서재 이외에도 거실, 부엌, 화장실 할 것 없이 책이 놓여 있었다. 그는 각각의 공간에서 전혀 다른 장르의 책을 동시에 보고 있다고 했다. 화장실 변기 뒤쪽 선반에 놓인 미술 서적을

* KBS 수요기획 다큐멘터리 〈세상을 이끄는 1%, 천재들의 독서법〉, 2011. 11. 16.

펼쳐 보이며 짧은 시간을 보내는 곳이기 때문에 한 페이지 이내의 짧은 챕터로 지식을 습득할 수 있는 책들을 주로 본다고 했다. 동시에 보는 책의 분야가 달라야 창의적 아이디어가 나온다는 게 그의 주장이었다. 같은 책을 읽으면 비슷한 생각을 하게 되는데 다른 분야의 책들을 함께 읽으면서 계속해서 자극을 받고 다른 생각을 한다는 것이었다. 긴 다큐멘터리 속 짧은 에피소드로 등장했지만 그의 독서법이 두고두고 기억에 남는다.

나는 기억력이 좋지 않은 편이다. 즐겁게 책을 읽지만 그걸 기억하지 못할까봐 전전긍긍한다. 조바심을 낸다고 잘 기억하는 것도 아니면서 그런다. 일종의 강박증 같은 게 있다. 괜한 강박에 시달리지 말고 좀더 유연하게 생각하고 독서를 했다면 지금보다 훨씬 다양한 책을 읽지 않았을까 생각한다. 읽고 독후감 쓰기까지 뭐든 완벽하게 매듭을 지어야 '참 잘했어요'라고 칭찬받았던 'K-초등학교' 어린이 출신들은 대부분 강박에서 자유롭지 못했다. 왜 꼭 그래야 했을까?

요즘 나는 강박에서 벗어나 자유로운 책 읽기를 하고 있다. 책방에서 읽는 책, 집에서 읽는 책, 침대 옆 협탁에 두고 자기 전에 읽는 책이 따로 있다. 물론 정말 한시도 눈을 뗄 수 없게 만드는 흥미로운 책을 만나면 하루 종일 어디를 가든 그 책만 붙잡고 있긴 하지만 그런 일은 자주 일어나지 않는다.

어른, 아이 할 것 없이 책 한 권을 읽기는 어렵지만 잡지 한 권 읽는 건 비교적 수월하다. 글이 적지 않지만 그럼에도 완독하는 데 긴 시간이 걸리지 않는다. 다양한 주제의 길이도 제각각인 글들이 모여 있어 지루할 틈을 주지 않기 때문이다. 그 안의 지식들이 대부분 파편적이지만 어쨌든 다 읽게 되는 매력이 있다.

아이가 책을 이것저것 읽는다면 그대로 두어도 좋다. 아예 읽지 않는 것보다 낫고 요즘 시대에 활자를 가까이하는 것만으로 고무적인 일이니까. 그렇다고 무작정 아무 책이나 펼쳤다 덮었다 하게 두라는 것은 아니다. 여러 권을 번갈아 읽게 두되 반드시 끝을 보라고 독려해야 한다. "읽었어? 다 읽은 거야?" 이런 확인 말고 "그래서 내용이 어떻게 되는데? 그 책의 주인공 이름이 뭐였지? 무슨 일을 하는 사람이었더라?" 같은 구체적인 상황에 대해 질문하는 게 좋다. 요즘 나도 쓰고 있는 방법이다.

딸아이는 책을 좋아하고 독서가 익숙해서 원래 한 권을 잡으면 끝까지 읽는 편인데, 영어 원서를 읽기 시작하면서 다 끝내지 못하고 짬짬이 잡고 있는 책이 생겼다. 한국어 책은 시작하면 바로 끝내지만 원서는 한국어 책 두세 권을 읽는 동안에도 계속 진행 중이라 그 책을 계속 읽고 있는지 제대로 내용을 알고 넘어가는지 확인을 했다.

영어 원서를 시작하면 일단 어떤 주제와 관련된 책인지 주인공은 누구인지를 묻는다. 아이가 읽는 원서 대부분 우리말로 번역되어 있어 미리 내용을 살펴볼 수 있다. 아이가 새로운 책을 시작하면 간단하게 조사를 하거나 미리 읽어둔다. 예를 들어 윌리엄 골딩의 《파리대왕》을 읽을 땐 남편이 먼저 번역된 민음사 세계문학전집으로 읽었고, 우리말로 《배움의 발견》이라고 번역된 책을 읽을 땐 내가 먼저 읽어두었다. 아이와 이야기할 때는 검사한다는 느낌이 아니라 읽고 있는 책을 공감한다는 생각으로 접근한다. 저녁 식사 시간에 이번엔 어디까지 읽었고 주인공이 얼마만큼 나아가고 있는지 이야기를 나눈다. 나는 가끔 번역본의 이해하기 힘든 문장을 아이가 읽는 원문과 비교하면서 번역된 책을 읽는 어려움에 대해 토로하기도 한다. 아이는 새로 알게 된 숙어나 단어, 더 이상 현대에 쓰이지 않는 표현 등을 우리에게 알려주고, 우리는 역사적 배경이나 상황에 대해 설명하며 아직 지식이 짧은 아이의 이해를 돕는다.

책 한 권을 한 번에 다 읽지 못하고 이것저것 건드린다고 걱정할 필요는 없다. 부모가 옆에서 조금만 도와주면 아이는 하나씩 차근차근 끝내 성취할 것이다. 한 권을 다 끝냈을 때의 홀가분함 후련함과 제대로 마지막까지 완주했다는 자신감이 다음 책을 끝내는 에너지로 작용할 게 분명하다. 순서대로 읽지 않는 것은 책에 따라 다른데, 서사가 있는 책은 순서대로 읽어야 이야기가 연결된다는 걸 알려주자. 세상 일이 기승전결로 펼쳐지진 않지만 이야기는 결국 기승전결이므로 시작과 전개를 견디고 결말을 맞이하는 기쁨을 알고 나면 알아서 순서대로 읽게 된다.

어떤 책을 사서 읽혀야 할지
모르겠어요

영유아기에 그림책을 충분히 읽고,
초등 저학년 때는 짧은 글의 이야기를 열심히 읽고,
고학년 때는 긴 이야기를 읽을 수 있도록 훈련을 시켜야
다음 단계로 넘어가면서 포기하지 않는다.

인간은 12년 정도면 제법 그럴듯한 사람이 된다. 만 12세, 중학교 1학년. 고작 1년 차이인데 초등학생과 중학생은 다르다. 2차 성징이 나타나 목소리, 체형 등 눈에 보이는 변화도 두드러지지만 생각도 달라진다. 의존적이던 개체가 비로소 하나의 주체로 우뚝 서게 되는 시기다.

중학생이 되었다지만 아이는 크게 달라지지 않았다. 식사량은 일찌감치 어른을 능가했고, 말하는 거 좋아하는 엄마 아빠와 허물없이 지내니 사춘기도 오는 듯 마는 듯했다. 여행 등 뜻밖의 스케줄에도 잘 따라나서는 아이는 중학교 1학년이던 어느 봄날 꽃구경에도 동행했다.

마을에서 멀지 않은 곳에 벚꽃 명소가 있어 꽃이 피는 계절이면 도장 찍듯 들른다. 안 가면 허전하고 인생에 1년 손해 보는 느낌이라 꼭 챙기는 우리 집만의 행사다. 사철 꽃이며 단풍이 때마다 흐드러지는 작은 시골 분교에 다녔던 아이도 잊지 않는다. 그날도 아침 일찍 사람들이 몰려들기 전에 움직였다. 아이는 새로 산 옷을 입고, 입술을 빨갛게 칠하고 신이 나 따라나섰다.

"꽃구경 간다고 예쁘게 꾸민 거야?"

"후훗, 신경 좀 썼지."

"그 셔츠도 내가 사준 거, 바지도 내가 사준 거, 신발도 내가 사준 거, 틴트도 내가 사준 거. 엄마가 예쁜 걸로 잘 사줬지?"

날도 좋고 간만의 드라이브에 한껏 높아진 목소리로 생색을 내는데 침묵이 이어지다 날카로운 목소리로 쏘아붙인다.

"엄마 그렇게 말하면 안 되지!"

"웅?"

"이 옷을 엄마가 사주는 건 내가 미성년자이기 때문에 당연한 건데, 그렇게 말하면 마치 내가 얻어 입는 것처럼 비굴해지잖아."

바로 꼬리를 내리고 사과했다.

"미안해. 정정할게. 그 셔츠, 바지 다 엄마가 골라준 건데 예쁘네."

"예쁜 거 골라줘서 고마워."

인간은 만 12세면 사람이 되는구나. 진정한 자아가 움트는구나. 그날의 대화로 많은 생각을 했다. 그리고 며칠 후.

"용돈은 나에게 아주 중요해."

"왜? 맛있는 거 사 먹을 수 있어서?"

"아니, 내가 치사하게 살지 않을 수 있게 해주잖아. 존엄을 지켜준달까."

존엄, 그랬다. 아이는 만 12세가 되면서 몸과 마음의 성장뿐 아니라 스스로 자신의 존엄함을 깨닫게 되었다. 그 순간 이후 나는 엄마라는 이유로 아이의 세상에 함부로 침범할 수 없었다. 아이의 꿈을 대신 꾸고, 아이의 생활을 대신 정하지 못하게 됐다.

《앵무새 죽이기》를 읽고 난 후에도 그랬다. 아이는 스카웃의 활발한 매력에 빠졌고 끔찍한 인종차별에 진저리쳤다. 그 책을 읽고 인권과 사회계층 간의 차별에 대해 이야기를 하며 작가의 정보를 알려줬다.

"하퍼 리는 생전에 이 작품 하나를 남겼어. 사후에 《파수꾼》이라는 《앵무새 죽이기》의 후속 이야기가 실린 책이 나왔지만, 살면서 내내 《앵무새 죽이기》의 작가로 남았지. 작품의 무대가 됐던 자신의 고향 앨라배마 먼로빌에서 도서관과 집을 오가며 조용히 늙어갔어. 젊은 시절 꿈을 안고 떠난 뉴욕에서 작가가 되기 위해 고군분투하며 쓴 이 작품이 세상에 너무 큰 주목을 받았지. 하퍼 리는 그걸로 자신의 할 일을 다 한 느낌이라고 했어. 더 나은 작품을 만들 자신이 없다고. 먼로빌이라는 작은 마을은 아마 우리 설악면 정도 될 텐데 지금 전세계 사람들의 성지가 됐지. 대단하지 않아? 문학작품의 힘이라는 게 말야. 《빨간 머리 앤》의 배경이 된 프린스에드워드섬, 《로미오와 줄리엣》의 사랑이 피어난 베로나, 《해리 포터》를 구상했다는 작은 도시 포르투, 우리가 사는 가평에서 멀지 않은 곳에 있는 김유정역까지. 이야기로 세상을 움직이는 거야. 어때? 소설을 써보는 건. 잘할 거 같은데."

"눕! 아직 읽는 게 재미있어."

"흠, 안 넘어오는군."

"호락호락하지 않지. 하하. 그런데 나중엔 쓰고 싶어질 수도 있지. 지금은 아니지만."

"그럼 뭐가 되고 싶은데?"

"사람들이 '돈을 많이 번'다고 강조하는 직업은 일단 사양이야. 그 돈을 벌자고 자유를 포기할 순 없어."

"먹고는 살아야지."

"그럼, 먹고는 살아야지. 고민이야. 내가 하고 싶은 걸로 어떻게 하면 먹고살 수 있을까?"

"그래서 하고 싶은 건 정했고?"

"아니 그걸 꼭 지금 정해야 하는 건 아니잖아. 생각 중이라고."

참으로 존엄하고 존엄하다. 네 마음대로 살아라.

아이의 성장은 부모의 예상보다 늘 앞서나간다. 이 정도겠지 하면 저만큼이다. 자신들이 부모에게 여전해야 그들을 안심시킬 수 있다는 걸 아이들은 본능적으로 안다. 그러기 때문에 부모 앞에서 아이들은 종종 자신의 능력을 숨기거나 모르는 척한다. 특히 책 읽기에 있어서는 더욱 그렇다.

재미없는 책을 읽다가 책에 대해 반감을 사면 안 되니 쉽고 재미있는 것만 읽히자는 의견에 나는 반대다. 성인이 되어서도 책을 자주 읽는 사람들을 보면 그들이라고 모든 책에서 재미를 얻지 않는다. 어떤 책은 지루하고 어렵고 여러 번 다시 앞장으로 돌아가야 하지만 그래도 읽는다. 지루하더라도 분명 그 안에 배우고 얻어갈 것이 있다는 걸 알아서다. 읽는 능력을 키워 어른이 된 사람들의 이야기다.

읽기도 능력이다. 아이들은 귀찮아서, 유튜브만큼 쉽고 재미있지 않아서 자신의 책 읽는 능력을 숨긴다. 부모라면 그

걸 계발해줄 필요가 있다. 아이에게 던져질 세상 모든 질문의 답을 부모가 줄 수는 없다. 부모가 찾아주지 못하는 답을 책을 통해 찾을 수 있도록, 적어도 읽는 능력이 그냥 사라지지 않게 끊임없이 먼지를 떨고 광을 내야 한다. 처음에는 어렵겠지만 점차 익숙해지면 할 만하다. 어려워서 못 읽겠다고 하면 함께 보며 차근차근 행간을 읽어주고 맥락을 짚어주면 된다.

책 읽기는 태어나면서부터 꾸준히 이뤄져야 한다. 영유아기에 그림책을 충분히 읽고, 초등 저학년 때는 짧은 글의 이야기를 열심히 읽고, 고학년 때는 긴 이야기를 읽을 수 있도록 훈련을 시켜야 다음 단계로 넘어가면서 포기하지 않는다.

어떤 책을 골라줄까 걱정이라면, 유아기에 그림책을 마무리 짓고, 초등 저학년 때는 어휘력을 늘려주는 저학년용 동시집과 간혹 그림이 섞인 이야기책을 읽히길 추천한다. 고학년이 되면 그림 없이 제법 두툼한 이야기책이 좋다. 아동 도서계의 노벨상이라 불리는 뉴베리 수상작이나 창비청소년문학상 수상작 같은 창작 도서 중 마음에 드는 이야기를 골라 읽힌다. 그리고 천천히 고전으로 들어간다.

생텍쥐페리의 《어린 왕자》, 메리 셸리의 《프랑켄슈타인》이나 대니얼 디포의 《로빈슨 크루소》, 루시 모드 몽고메리의 《빨간 머리 앤》, 루이자 메이 올컷의 《작은 아씨들》, 프란츠 카프카의《변신》, 헤르만 헤세의《수레바퀴 아래서》, 러디어드 키플링의《정글북》, 오승은의《서유기》등 비교적 서사가 단순한 고전을 권하면 무리 없이 읽을 수 있다.

　이 시기에 책을 읽힐 때 '세계 명작 전집'이라는 이름으로 고전을 짧게 재편집한 이야기는 안 읽혔으면 좋겠다. 책을 읽는 이유는 줄거리를 알고 주인공의 이름을 외우기 위해서가 아니다. 그 안에 담긴 작가만의 표현, 어휘 등을 내 것으로 만들고 작가가 전달하는 메시지를 현재 나의 삶에 대입해 적용하기 위해서다. 읽기 쉽게 정리된 책들은 영양가 없이 단물만 남은 음식과 같다.

　마지막으로 드디어 존엄하신 청소년에 진입하면 사회문화 서적 등도 경험하게 하는 게 좋다. 김두식의《불편해도 괜찮아》라든지 오찬호 작가의 저서 등 국내 학자들이 쓴 대중서를 추천한다. 소설에서 사회문화로 읽기를 확장시키는 것이다. 부산의 인디고서원에서 발행하는 청소년 잡지《인디고잉》에는 매호 기사에 쓰인 책을 정리한 리스트가 있다. 장르별로 다양하다. 이 리스트 속 책을 한 권씩 읽다보면 어느새 한 계절이 지난다. 그렇게 시간이 흐르고 아이가 또 한 뼘 자란다.

독후감을 쓰게 하는 게
좋을까요

책을 읽기만 하면 금방 휘발된다.
독후감은 세월의 풍파에도 삭지 않도록
빳빳하게 진공 포장한다.

"공부에 도움이 되는 책 추천 좀 해주세요."

책방에 아이들 책을 사러 온 손님들이 물으면 이렇게 대답해준다.

"어느 책이고 읽고 쓰게 하면 공부에 도움이 될 거예요."

공부에 도움이 되는 책은 뭘까? 처음 질문을 받았을 땐 모든 책이 다 공부에 도움이 되는데 딱히 뭘 골라줘야 하나 고민했다. 나중에 엄마들이 물어본 게 포괄적인 공부가 아닌 '성적 향상'에 도움이 되는 책을 말한다는 걸 알고는 더 추천할 책이 없었다. 성적을 오르기 위해 보는 책은 문제집일 텐데 그걸 바라는 것 같지는 않았다.

아이가 책을 읽고 공부를 잘했으면 한다면 방법이 없지

않다. 인풋과 아웃풋을 1대 1로 하면 된다. 읽은 만큼 쓰는 것. 읽은 것을 자기 생각으로 꼭 써보는 것. 즉 독서 후에 반드시 독후감을 쓰게 하는 것이다.

책을 읽기만 하면 금방 휘발된다. 하루에도 끊임없이 주입되는 정보에 밀려 생각보다 빨리 잊힌다. 어차피 잊어버릴 거 왜 책을 읽느냐고 한다면, 책의 내용은 사라지지만 책을 읽으면서 습득한 어휘와 표현, 글의 구성과 구조, 지식과 지혜는 축적되기 때문이다. 독후감은 그렇게 쌓인 걸 코팅하는 역할을 한다. 세월의 풍파에도 삭지 않도록 빳빳하게 진공 포장한다.

읽은 것을 다시 쓰는 건 새로운 창작 활동이다. 독후감은 작가가 쓴 이야기를 압축한 줄거리만으로 완성되지 않는다. 그것은 재료를 그대로 썰어서 접시에 담아 내놓은 것이다. 같은 재료라도 어떤 양념을 넣고 얼마만큼의 시간을 갖고 어떤 방법으로 조리를 하느냐에 따라 다른 맛이 난다. 감자를 삶는 것과 굽는 것의 맛이 다르고, 갈아서 부치는 것과 채썰어 부치는 맛이 미묘하게 차이 나듯 독후감도 그렇다. 작품의 내용에 자신의 생각이 잘 스며든 고유한 맛이 있어야 좋은 독후감이다.

책에 자신의 생각이 잘 스며들게 하는 작업은 다양한 능력을 요구한다. 어휘와 표현, 문장 구성은 기본이고, 작가의 글을 읽고 상상했던 이야기를 현실에 접목해야 하고, 본인의 생각을 정리할 줄 알아야 하며, 주제에 맞게 글을 풀어내는 문제 해결 능력과 어디에도 없는 나만의 것을 창조하는 창의력이 필요하다. 이것들은 처음부터 가지고 태어나는 게 아니다. 자꾸 하다보면 저절로 갖춰지는 능력이다. 무엇을? 글쓰기를.

독후감을 쓰기 위해 필요한 능력들은 묘하게 '영재'의 조건과 겹친다. 독후감을 꼭 쓰게 했던 우리 아이도 지역 교육청에서 운영하는 영재원을 수료했다. (도시에 비해 상대적으로 인구가 적어 합격이 쉬웠다.) 초등학교 4학년 때 시작하는 영재원은 매년 10%의 학생만 자동 진급으로 올라가고 나머지 인원은 다시 시험을 치른다. 자동 진급 심사는 출결과 학습태도, 1년간 자신이 정한 주제로 연구한 '산출물 보고서'를 토대로 한다. 영재원이라는 곳이 진짜 영재들을 키운다기보다 영재가 될 가능성이 있는 친구들에게 기회를 주는 곳이라 괜한 자랑 같아 머구한데, 아이는 4학년 첫 시험 후 마지막 중학교 1학년까지 전부 자동 진급으로 올라갔다. 초등학교 때 미적분을 풀거나 디즈니 애니메이션만 보고도 줄줄 영어로 말하는 진짜 천재들에 비하면 매우 평범한 우리 아이가 매년 영재원 자동 진급을 할 수 있었던 이유는 아무리 생각해봐도 딱 하나이다. 읽고 쓴 것.

자동 진급에 큰 몫을 차지하는 건 산출물 보고서이다. 산출물 보고서는 아주 작은 의미의 논문이다. 연구 주제를 잡아 오랜 시간 관찰하고 글로 정리하는데, 아무리 작은 의미라고 해도 아이들 수준에서 쉽지 않다.

우리 아이 산출물 보고서 주제는 이랬다. '색깔이 온도에 미치는 영향' '수경재배를 할 때 어떤 용액에서 가장 잘 자랄까?' '뇌 성향을 알아보기 위한 영재 친구들 얼굴형 분석' '어떤 방법으로 관리해야 스타킹을 오래 신을 수 있을까?' 간단해 보이지만 실험을 하고 분석을 하고 결과를 낸 뒤 정리하기까지 오랜 시간이 걸렸다.

특히 6학년 때 주제로 잡았던 '뇌 성향을 알아보기 위한 영재 친구들 얼굴형 분석'은 두꺼운 전문 서적을 읽고 연구 방법을 찾아야 했다. 중학교 1학년 영재원 마지막 산출물 보고서 주제였던 '어떤 방법으로 관리해야 스타킹을 오래 신을 수 있을까?'는 기존에 나와 있던 방법 외의 것을 찾지 못해 그 원인을 찾고 분석하느라 외국 자료들까지 참고해 정리했다. 평소 책을 읽지 않았다면 불가능했을 것이다. 실험 과정은 오래 걸렸지만 산출물 보고서를 쓰는 시간은 비교적 빨리 끝났고 늘 정해진 분량 이상이었다. 책을 읽고 독후감을 쓰면서 글을 분석하고 생각을 정리하던 습관 덕분이라고 생각한다. 진짜 신이 내린 천재가 아니고서야 아니 그런 천재라고 해도 대체로 그런 능력은 훈련을 통해 길러진다.

한 번에 좋은 성적을 내거나 아이를 영재(원에 합격 가능한 아이)로 만들어주는 책은 없다. 다만 읽고 쓰는 것을 거친다면 원하는 것에 가까워진다. 책을 통해 학습 역량을 높여주고 싶다면 독후감은 필수다.

공부할 시간도 부족한데
책 읽는 시간은 어떻게 만들어야 할까요

무리하게 학습 스케줄을 짜지 않을 것.

스마트폰 사용을 줄일 것.

존엄한 중학생이 되면 달라지는 또 하나가 있는데 바로 '책 읽는 시간이 줄어든다'는 것이다. 초등학생이었을 때는 심심하면 수시로 책을 펼쳤는데 중학생이 되자 쉽지 않았다. 수업 시간도 초등학교 때보다 늘어나고, 학교 공부와 수행 준비만으로도 하루가 갔다. 짬을 내서 자는 시간을 반납하고 읽을 수도 있겠으나 아직 성장기 청소년에게 잠은 보약과도 같아서 양보할 수 없는 문제. 시간이 없다보니 책은 우선순위에서 밀려났다. 그래도 일주일에 적어도 한 권씩은 책을 읽혔다. 초등학교 때는 왕성한 호기심을 해결하기 위해 스스로 책을 찾아 읽었는데, 중학생이 되니 읽혀야 했다.

　　초등학교 때까지 탄탄하게 독서 활동을 하던 아이가 중학교부터 손을 놓아버리는 경우를 많이 봤다. 알아서 하도록 내 버려두었다가 우리 아이도 자연스럽게 책에서 멀어질 위기였다. 평소 공부든 취미든 알아서 하도록 믿고 맡기자 주의였지만 '책'은 얘기가 달랐다.

아이가 중학교에 들어가자마자 나는 아이의 책 읽기 스케줄을 빡빡하게 짰다. 매주 우리 책방 SNS에서 책방소녀라는 타이틀로 책 소개를 하기 때문에 아이도 자신이 일주일에 한 권을 읽고 써야 한다는 걸 알았다. 중학생이 되어 학과 공부를 하느라 빈틈없이 바빴지만, 그럼에도 하루 한 시간 정도 시간을 내 책을 읽었고, 매주 한 권을 읽고 독후감을 썼다. 어느 땐 읽는 시간보다 쓰는 시간이 훨씬 더 걸리기도 한다. 주말 하루를 통째로 독후감을 쓰고 아쉬워하기도 했다. 그래도 수업을 따라가는 데 지장은 없었다. 숙제도 밀리지 않고 성적도 평균 이상으로 나오는 편이었다.

책 읽을 시간이 없다는 친구들과 비교해 이런 스케줄이 가능한 이유는 두 가지였다. 무리하게 학습 스케줄을 짜지 않은 것. 스마트폰 사용을 줄인 것. 책을 읽고 독후감 쓰는 걸 중요하게 생각하다보니 시간을 새롭게 길들이게 된 것이다.

우리 아이는 천재가 아니라는 걸 알기 때문에 선행 학습을 시키지 않았다. 선행은 지금 하고 있는 공부를 전부 이해하고도 남는 아이들이 좀더 높은 수준에 맞는 공부를 하는 것이라고 생각했다. 현재 배우고 있는 수학의 개념도 다 알지 못하는데 다음 학년, 그다음 학년의 것을 공부하는 건 괜한 시간 낭비 같았다.

시험 직후, 연말, 생일 주간 등 특별한 시기를 제외하고 스마트폰은 일평균 두 시간을 넘지 않기로 아이와 약속했다. 등하교 시간에 음악 듣는 한 시간, 그 외 한 시간 정도 사용할 수 있었다. 학교에서 사용하고 친구들과 소통하고 집에서 간단한 운동을 하면서 좋아하는 영상을 봤다. 스스로 제어하기 힘들다는 걸 본인도 인정해서 별다른 신경전 없이 합의가 이뤄졌다. 그 약속이 꾸준히 지켜졌다면 정말 행복하겠지만, 그건 우리 집 강아지가 산책을 포기하는 것만큼이나 불가능한 일이었다. 책 읽는 시간을 확보하기 위해 적당한 제재가 있었다.

종종 '아이들을 모두 명문대에 보낸 엄마'라는 타이틀을 가진 혹은 '독서 교육만으로 우등생을 만들었'다는 분들의 이야기가 미디어에 소개된다. 대부분 훌륭하신 분들이다. 또 대부분 비슷한 공통점이 있는데, 아이를 최대한 자율적으로 키웠다는 것이다. 그분들의 이야기를 들으면 엄마가 기다려주고 참아주고 믿어줘야만 할 것 같고, 괜히 아이에게 잔소리를 퍼붓는 내가 아이 앞길을 막는 몹쓸 부모인 것 같아 속상하다. 그런데 그렇게 자율적으로 "어머니 저는 책이 좋아요. 스마트 폰은 독서에 방해만 될 뿐이지요." 하고 기특하게 말하는 아이가 몇이나 될까? 0.1%나 될까? 잭폿을 터뜨리는 것보다 더 희박한 확률일 것이다.

자율도 좋지만, 좋은 습관을 유지할 수 있도록 계속해서 길을 잡아주는 게 부모가 할 일이라고 생각한다. 헝겊책에 침을 흘리면서 책 읽기를 시작해 자율적으로 일주일에 독후감한 편씩 쓰던 우리 집 책방 소녀도 어쩔 수 없이 부모의 간섭으로 좋은 습관을 이어갔다. 세상이 다 그런 것이다.

물론 하루아침에 "자, 우리 한 시간씩 책을 읽자. 학원도 가지 말고, 스마트폰 하지 말고, 책을 읽자." 하고 설득할 순 없다. 만약 현재 중학생이라면 10분씩, 20분씩 시간을 늘려 최소한 30분 정도 읽게만 해도 성공이다. 30분 정도면 글의 흐름을 놓치지 않고 독서를 이어갈 수 있는 시간이다. 속도가 붙으면 한 챕터 정도 끝낼 수 있다. 그렇게 습관이 든 후에는 한 시간을 읽을 수도 있고, 온종일 쉬어가며 오랜 시간 읽을 수도 있게 된다. 초등학생이라면 책 읽는 시간이 밥 먹는 것처럼 익숙하고 당연한 시간이 되도록 지금부터 습관을 들여야 한다.

코로나의 해로 기억될 2020년도에도 대입수학능력시험

이 치러졌고 마스크를 쓴 고군분투 와중에도 만점자가 나왔다. 무려 여섯 명이나. 그중 신진우 군의 공부비법이 예사롭지 않았는데 신문 헤드라인은 이것이었다. "2021 수능 만점자 신진우, 고교 3년간 매일 아침 한 시간 독서가 도움". 그러니까 독서가 수능 만점에 도움이 되었다는 이야기였다. 중학생만 되어도 학원에 숙제에 치여 책 읽을 시간이 없다고 하는데, 고등학교 내내 수험생 시절에도 매일 한 시간 책을 읽었다니. 수능 만점보다 매일 한 시간 독서가 더 믿지 못할 이야기였다. 〈연합신문〉에 따르면 신 군은 "고등학교 3년 내내 오전 6시 30분~7시쯤 등교해서 한 시간 동안 몸풀기 겸 편하게 책을 읽었"다며 "(그렇게 책을 읽은 것이) 쌓여서 문제 푸는 데 도움이 된 것 같"다고 밝혔다고 한다. 몸풀기로 독서를 하는 학생이 실제로 존재한다는 사실이 경이로웠다.

마침 그 기사가 난 그날 아이에게 이런 질문을 했다.

"학생들이 책 읽기에 적절한 시간은 어느 정도인 것 같아?"

"음, 한 시간? 바빠서 더는 못 읽지만 그 정도는 짬을 낼 수 있으니까."

식사 후, 식사 전 혹은 등교 전, 하교 후처럼 아이 본인이 가장 쾌적하게 책을 읽을 수 있는 시간을 정하도록 해야 한다. 이때 다른 가족들은 전부 재미있는 걸 하는데 나만 지루하게 책을 읽는다는 소외감을 느끼게 해서는 안 된다. 어린 시절 시험을 앞두고 방에서 꼼짝하지 못하는데, 어린 동생이 만화영화를 보면 그게 그렇게 억울하고 화가 났다. 이 시간을 모두가 책을 읽는 시간, 모두가 지루하지만 생산적인 각자의 일을 하는 시간으로 아이가 인식하게 된다면 책 읽기를 자연스럽게 받아들이게 된다.

하루에 한 시간, 가족 모두 책 읽는 시간을 만드는 건 큰 돈이 들지도 않고, 별도의 기술도 없다. 스마트폰의 영향으로 현대인의 집중력 지속 시간이 금붕어보다 짧은 8초라고 하지만, 하면 된다. 책 읽은 지 오래되었다는 걱정도 접어두자. 우리는 종일 스마트폰을 열어 충분히 많은 글자를 접하고 있지 않나.

독서는 걷기와 같다. 용감하게 걷기에 성공한 아이가 스스로 호기심을 충족하기 위해 두 발을 이용해 세상으로 나가듯, 처음 글을 배운 아이들은 책에 금방 재미를 붙인다. (스마트 기기를 멀리했을 경우) 활자와 친숙해지고 문장에 담긴 뜻을 알아가며 즐거움을 찾아낸다. 하지만 뒤뚱뒤뚱 걸음마를 시작하고 걷는 게 익숙해지면 달린다. 그러다가 어느 순간이 되면 더 이상 걸으려 하지 않고 서두르며 온갖 탈것을 이용한다. 걷기 능력이 점점 떨어지는 줄도 모르는 채. 지금 잡아주지 않으면 습관을 들이기까지 얼마나 오래 걸릴지 모를 일이다. 게다가 책을 읽는 건 눈앞에 보이는 가시적 효과는 미비하지만, 긴 안목으로 봤을 때 학습에서도 중요하다.

시는 어떻게 읽혀야 하나요

좋은 시를 만나면
감동 받은 연기를 하면서 무심하게 전해준다.

시는 어렵지만 그래도 읽는다. 맡아서 진행 중인 월간지 칼럼을 위해 김용택 시인을 인터뷰했을 때 "난해한 현대시는 어떻게 읽으면 좋아요?"라고 여쭈니 "문장 하나하나 읽어봐. 전체는 이해 못 해도 한 문장은 알 거 아냐. 그 문장도 이해가 안 되면 단어를 잘 봐. 그렇게 하나씩 하나씩 이해해가면 나중에는 한 편을 다 알게 돼. 하나도 안 어려워."라고 하셨다.

　중2를 앞둔 방학이라 아이도 데려갔는데, 시인의 말씀이 다 시이거늘 아이는 테이블 저 끝에 앉아 가져간 책《데미안》만 열심히 읽고 있었다. 헤어질 무렵 일어나 인사를 하는데 입술을 시뻘겋게 칠한 아이를 보고 껄껄 웃으며 시인이 한 말씀. "그래, 예쁘다. 예뻐. 내가 세월호 사건이 있고 나서 고등학교 강연을 갔어. 애들이 어찌나 말을 안 듣는지. 떠들고, 집 중도 안 하고 난리야. 화장들은 진하게 하고, 옷은 대충 입고 강당에 앉아서 시끄러워 죽겠더라고. 그런데 말이지, 그래도 예뻐. 살아 있잖아. 눈앞에서 숨 쉬고 있잖아. 그냥 그렇게 살아 있는 것만으로 예뻐서 웃다가 울다가 했지. 너도 예쁘다." 그 말씀에 헤죽 웃는 아이. 입술을 빨갛게 칠한 우리 집 중2도 초등학교 때까지 시를 썼다.

마지막 날

마지막이다
기쁘기도 하고 슬프기도 했다

더 싸울 일이 없고 공부를 안 해도 될 것 같아서

다 같이 모일 날이 오늘이 마지막인 것 같아서

그렇게 싸우고 사이가 안 좋았던 친구도
집에 오니 생각이 났다

아무렇지도 않게 인사하고 온 것이

후회된다

6학년, 마지막으로 쓴 이 시를 읽고 남편과 얼마나 감탄을 했던지. 둘 다 "아무렇지도 않게 인사하고 온 것이 / 후회된다"라고 쓴 마지막 연을 보고 "진짜 잘 쓰지?" "완전!"이라며 팔불출 놀이를 실컷 했다. 어려서는 안도현 시인이 어린이를 위해 쓴 동시집 《냠냠》이나 출판사 비룡소에서 나왔던 '동시야 놀자' 시리즈도 곧잘 읽었는데 시를 읽기에는 소설처럼 서사가 와닿는 게 더 재미있을 나이니까 이해한다.

그래도 '시'라는 정제된 언어에 대해 항상 염두하고 살았으면 하는 마음에 좋은 시를 만나면 감동 받은 연기를 하면서 무심하게 전해준다.

"정말 좋아 죽겠어. (이쯤에서 가슴을 손으로 꾹 누르고 하늘을 한번 본다.) 어쩜 이런 표현을 썼지? 한번 들어볼래? 이 두근거리는 감정을 함께 느끼고 싶다. 누군가와 나누고 싶어. 읽어줄까?"

"그렇게 좋아?"

"응. 시인들은 정말 대단해. 어쩜 이런 단어를 쓰고 이런 문장을 만들고 이렇게 감동을 주지?"

그쯤 되면 아이는 들어줄 채비를 갖춘다. 도대체 뭔데 저래, 궁금한 눈치다. 나는 이문재 시인이 쓴 〈소금창고〉라는 시를 나직하게 읽었다. 그리고 나서 가장 좋았던 구절을 다시 읊었다.

"시인은 어쩜 이걸 먼저 이렇게 알았을까? 옛날은 멀리 멀리 가버렸다고 생각했는데, 진짜 자꾸 와. 살면 살수록 옛날이 자꾸 밀려와."

이제 막 열 살이 된 아이가 마흔의 감성을 이해할 리 만무하지만 그래도 말한다. 말해준다. 보여준다. 시를 읽고 감동하는 삶의 시간이 필요하다는 것. 매일 똑같은 어느 하루 잠깐이나마 벅찬 시간을 만들어주는 시의 역할이 자연스럽게 스며들도록 자꾸 연기를 한다.

"옛날이 막 와?"

"응, 대부분 세월이 간다고 표현하잖아. 그런데 나이를 먹으면 먹을수록 지난 세월이 자꾸 그립거든. 그래서 자주 추억해. 그땐 그랬지 하면서 지나간 시간을 소환하는 거야. 생각해봐, 불러들이니까 가는 게 아니고 오는 거지. 시인이니까 이런 생각을 하는 거지. 대단하지 않아? 시인은 같은 것을 다르게 보는 능력을 가졌어."

알아듣든 말든 자꾸 말하는 것이다. 세상이 시를 등한시

해도 자꾸 시를 쓰는 시인처럼, 언젠가는 돌아보겠지 하는 마음으로.

중학교 1학년 추석 이틀 전이었다. 아이는 학교에서 앞뒤로 빼곡하게 시가 프린트 된 종이 한 장을 들고 왔다. 추석 동안 외워오면 상을 받을 수 있다고 했다. 시를 보니 전부 좋아하는 작품들!

"정말 좋은 숙제다. 다 읽어보긴 했어?"

"응. 훑어봤는데, 들어본 것도 있고 처음 보는 것도 있고. 처음 보는 게 많긴 한데."

"아는 시가 뭐가 있었어?"

"나태주 시인 〈풀꽃〉, 그리고 도종환 시인 〈담쟁이〉도 들어봤어."

"정현종 시인의 〈섬〉도 있네?"

"사람들 사이에 섬이 있다. 그 섬에 가고 싶다. 짧아서 금방 외웠어. 남자애들은 이것만 외울 거래."

"재미있는 친구들이네. 우와, 김소월 시인의 〈먼 후일〉도 있네? 이거 정말 좋잖아. 오늘도 어제도 아니 잊고 먼 훗날 그때에 잊었노라. 세상에 너무 좋다. 어쩜 이런 시를 쓸까?"

안도현의 〈봄비〉, 박목월의 〈청노루〉, 박성우의 〈초승달〉, 김영랑의 〈끝없는 강물이 흐르네〉, 신경림의 〈눈 온 아침〉, 곽

재구의 〈누런 똥〉, 김기택의 〈맨발〉, 진봉건의 〈피아노〉, 기형도의 〈엄마 걱정〉.

"일단 우리 이거 한 번씩 써보자. 어때?"

"좋아!"

우리는 나란히 앉아 프린트 물을 사이에 두고 각자 노트에 천천히 손글씨로 시를 옮겨 적었다.

기다리다 식어버린 찬밥처럼 방에 혼자 있었나봐. 에구 엄마 오는 줄 알았는데, 혼자 외로웠겠다, 엄마는 열무를 다 팔았을까? 한 줄 한 줄. 쓰고 읽고 외면서 상상하고 느껴보고 가슴에 깊이 묻었다. 그리고 추석 내내 손을 잡고 마을을 걸으며 함께 시를 읊었다.

"이런 숙제만 맨날 내주시면 좋겠네."

상을 타기 위해서가 아니라 시가 좋아서 우리는 열심히 외웠다. 숙제가 끝나고 아이는 더는 시를 읽지 않지만 나는 일부러 아이 곁에서 시집을 꺼내든다.

"세상에, 어쩜 이런 표현을!"

"왜? 또 누군데? 뭔데?"

"이원하 시인인데, 이번에 신춘문예 당선된 시인이야. 제목 좀 봐. 〈제주에서 혼자 살고 술은 약해요〉야. 너무 감각적이다. 한번 들어볼래?"

엄마의 호들갑에 언제나처럼 아이가 고개를 끄덕여준다. 시는 오랜 시간을 들여 세상의 이치를 자기 모양으로 창조한 언어의 합이다. 이미 존재하는 수많은 언어들 사이에서 시인들은 새로운 것을 선보인다. 울퉁불퉁하고 투박한 광물을 세공하듯 같지만 다르고 다르면서 비슷한 개별의 삶을 조심스럽게 다듬어 마침내 누구나 탄복할 반짝이는 한 줄을 탄생시킨다. 누군가가 나를 대신해 정성껏 만들어낸 보석이 눈앞에 놓여 있는데 쥐지 않을 이유가 없다. 시에는 다른 누구와도 비교하지 않고 오로지 내면으로 침잠해 고뇌한 사람만이 가질 수 있는 지혜와 사랑이 담겨 있다. 아이도 부모도 그러니까 더더욱 잊지 않고 시를 읽어야 한다.

책을 읽고 질문하는데,
읽지 않은 책이라 답을 못 하겠어요

알고 있는 건 알려주고
모르는 건 같이 찾는다.

아이에게 자기고백을 자주한다. 내가 어떤 사람인지 숨김
없이 알려준다. 나도 나를 잘 모를 때에는 직접 묻는다. "엄마
는 어떤 사람인 것 같아?" 아이는 편하게 자기가 보고 느낀 나
에 대해 이야기해준다. "엄마는 다른 사람의 영향을 많이 받
는 사람이지. 칭찬받고 싶어하고, 좋은 말을 듣고 싶어해. 사
람들을 만나고 오면 늘 좀 힘들어하잖아. 다른 사람을 신경
쓰느라 과도하게 에너지를 써서 그런 거지. 엄마 고민 대부분
이 다른 누군가로부터 시작되잖아. 나처럼 그냥 '마이 웨이'면
좀 편할 텐데." 나보다 나를 잘 알아 뜨끔한 대답이었다.

아이와 함께한 여행이 세 권의 책으로 나왔을 만큼 우리
는 틈만 나면 여행을 떠났다. 낯선 곳에 도착하면 우리는 동

등해졌다. 먼저 태어나 세상 돌아가는 걸 조금 더 안다는 이유로 설정된 수직관계에서 어차피 너도 모르고 나도 모르는 수평의 관계로 재설정됐다. 집에서 뭐든 척척 해내던 엄마가 우여곡절을 겪고 길을 잃고 헤매며 하고 싶은 말도 못 하는 걸 목격한 아이 앞에서 조금 부끄럽기도 했지만, 이내 안도했다. 여행은 아이 앞에 나를 온전히 보여줄 수 있는 절호의 기회였다. 아이는 자연스럽게 엄마도 실수하는 사람이고 헤매기도 한다는 걸 알게 됐다. 여행을 다니며 솔직해진 뒤로 괜히 아이 앞에서 다 아는 척하느라 애쓰지 않아도 됐다. 그런 경험 덕에 우리는 일방적이지 않고 상호적인 관계가 됐다.

가끔 아이가 책을 읽다 궁금한 걸 물어오면 "엄마도 모르는데 같이 찾아볼까?"라며 함께 인터넷 창을 연다. 웬만한 정보는 다 들어 있다. 인터넷 바다에서 모르는 것을 찾아 함께 유영하면서 자연스럽게 양질의 정보를 찾는 방법과 가짜와 진짜를 구분하는 법을 가르쳐준다. 그건 엄마인 내가 이미 알고 있던 지식이다. 알고 있는 건 알려주고 모르는 건 같이 찾는 방식이다.

출처가 불분명한 인용글, 개인 블로그에 축약해놓은 글들은 일단 신뢰할 수 없다는 걸 전제한다. 개인의 공간인 블로그 안에서는 무슨 이야기를 쓰든 블로그 주인의 마음이다. 그런 곳에 있는 글들은 개인의 의견과 주장이 반영된 글은 한쪽으로 치우치기 쉽다. 그래서 정보를 찾고 싶으면 공신력 있는 매체를 찾아보는 것을 권한다. 깊이 들어가야 할 경우엔 관련 논문을 찾아 같이 읽는다. 이렇게 하면 아이가 읽지 않는 책에 대해 물어도 문제될 것이 없다.

좋아하는 장르는 다르지만 서로 다른 책을 읽고 이야기를 나눈다. 각자 읽은 책의 전문가가 되어 상대에게 설명해주는 것이 재미있어서다. 중학교 1학년 겨울방학 동안 아이에게 셰익스피어를 읽어볼 것을 권했다. 영어권 문학 속에 셰익스피어를 인용한 단어, 문장, 플롯들이 많으니 읽어두면 책 읽기에 도움이 될 것 같았다. 아이는 셰익스피어 작품의 희곡 형식이 상상하며 읽기 재미있어 보인다면서 흔쾌하게 제안을 받아들였다. 《베니스의 상인》《템페스트》《햄릿》《한여름 밤의 꿈》《맥베스》를 읽어나갔다. 어려운 고어들이 있지만 번역이 잘되어 있어서 무리 없이 이해되는 듯했다. 번역된 한국어 단어 중 처음 보는 것은 사전을 찾아보게 했다. 고전을 읽을 때면 작가에 대해 먼저 공부하고 시대 배경을 알아두라고 한다. 셰익스피어가 살았던 시대에 대해 먼저 공부한 뒤 읽기 시작해 무리 없이 끝낼 수 있었다. 언제나 그랬듯 읽기에 그치지 않고 독후감도 썼다. 절대량이 많지 않아 읽기는 금방 읽어도 쓰는 시간이 다른 책들의 곱절로 걸렸다. 해설을 읽어도 도무지 모르겠다며 구글 검색도 하고, 썼다 지웠다 썼다 지웠다 고민하면서 셰익스피어를 정리해나갔다. 좀 무거운 숙제를 내준 건가 미안한데, 또 나는 딱히 셰익스피어가 당기지 않아서 겨울에 읽으면 더 좋은 톨스토이를 읽기로 했다.

"엄마도 미뤄둔 고전 한 편 읽을게. 《전쟁과 평화》가지 뭐. 겨울엔 뭐니 뭐니 해도 러시아 문학이지. 도전."

"오, 정말! 나는 셰익스피어 다 끝낼게, 엄마도 성공해."

길고 긴 러시아 이름들이 끊임없이 등장하는 말 많은 톨스토이 선생의 책을 펼치자마자 잠깐 후회했지만, 방학이 끝날 때 나란히 서로의 독서를 끝내고 이야기 나눌 시간을 생각하며 꾹 참고 읽기 시작했다.

셰익스피어와 톨스토이가 나란히 일상에 머문 그해 겨울은 코로나19로 모든 것이 갑자기 정지됐다. 하지만 우리는 읽기로 한 책이 있어 지루한 줄 몰랐다. 아이는 다음 글을 쓰고 중학교 2학년이 됐다.

말의 무게

—《리어왕》을 읽고

셰익스피어를 읽게 된 것은 엄마의 권유였다. 비교적 시간이 여유로운 방학 동안 현대소설의 기반이 되는 고전을 읽어보라는 취지였다. 늘 읽는 것에서 그치지 않고 독후감을 쓰기 때문에 걱정이 되었다. 읽는 것이야 재미있고 쉽지만, 글을 쓴다는 건 의도를 정확하게 파악하고 이해해야 하는 것이기 때문에 두려웠다. 아니나 다를까, 글을 쓰는 건 어려웠다. 몇 번의 시행착오를 겪고 겨우 완성할 수 있었다.《베니스의 상인》에 이어 두번째 책인《템페스트》를 읽을 때까지만 해도 거부감이 들었다. 내가 과연 이것을 이해할 수 있을까 하는 의문 때문이었다. 그래도 두번째에는 더 수월하게 이해할 수 있었다. 엄마의 말처럼 현대소설의 기반이 되기도 하고, 여전히 생각해봐야 할 문제들을 다루고 있어 재미가 붙기 시작했다. 극본 형식으로 되어 있어 접근이 쉽기도 했다. 그래서 세번째《리어왕》은 거부감 없이 집어들 수 있었다.

《리어왕》의 줄거리는 이렇다. 리어왕은 왕국을 물려주려 세 딸을 한자리에 부른다. 첫째 딸과 둘째 딸은 온갖 아첨을 떨며 영토를 가지려 한다. 하지만 셋째 딸은 진실만을 말하겠다며 아버지만을 사랑할 수는 없을 거라고 했고, 자신이 원하는 대답을 받지 못한 왕은 셋째 딸을 버린다. 하지만 믿었던 다른 딸들도 아버지를 홀대하면서 생기는 이야기이다.

이번 소설을 읽고 충격받았던 점은 사건의 원흉이었다. 아버지를 배신하고, 살해당하고, 죽는 그런 비극의 과정을 보며 생각했다. 고작 말 한마디로 이 지경까지 오다니. 첫째와 둘째의 사탕발린 말 하나로 불행하게 이야기가 끝나다니. 새삼 말의 무게와 중요에 대해서 다시 생각해보게 되었다. 흔히들 '사회생활'이라며 높은 직급의 사람들에게 아첨을 떠는 경우가 많다. 우리는 이걸 자연스럽게 생각하지만, 《리어왕》을 읽고 보니 소름 돋는다. 아무 생각 없이 내뱉던 말들이 하나의 비극을 불러일으킬 수 있다. 이 책을 읽고 지금까지 내가 한 말에 진정성이 있는지 돌아보게 되었다.

얼마 전에 읽었던 청소년 소설인 《독고솜에게 반하면》에서 여왕과 여왕을 따르는 아이들은 독고솜에 대한 정보가 없는 데도 불구하고 이상한 소문을 퍼뜨리고 다닌다. 그 말들로 인해 독고솜은 혼자가 되었다. 어리숙한 학생들은 아직 말의 무게에 대해서 생각을 하지 않아보았기 때문에 자극적인 소문만 믿고 한 친구를 따돌리기 쉽다. 학생들뿐만 아니다. 가짜 뉴스를 퍼뜨리는 사람들, 익명을 보장받으며 악플을 쓰는 사람들. 이 중 다른 사람의 심정이나 상황을 고려하면서 말을 한 사람이 있을까? 혹은 책임을 지는 사람이 있을까? 리어의 첫째와 둘째의 거짓말로 많은 사람들이 비극으로 내몰렸다. 이것을 우리 시대의 사람들이 깨닫고 자신의 말에 대해 책임을 졌으면 좋겠다.

희극보다는 비극이 더 현실성이 있다. 물론 희극도 그것만의 장점이 있고, 얻을 수 있는 교훈도 있지만 비극이 더 와닿는다. 전에 《베니스의 상인》을 소개할 때 말한 적이 있다. 주인공 버프가 없지 않다고. 하지만 이번 책은 그렇지 않았다. 섣불리 뱉은 말 한마디로 관계가 틀어진 사연은 누구에게나 있을 것이다. 모두가 공감할 수 있는 이야기여서 쉽게 접근할 수 있던 책이었다.

벌써 셰익스피어를 3권이나 읽다니, 놀랍다. 셰익스피어의 책들은 옛날이야기인데도 불구하고 매번 공감이 되는 것이 신기하다. 이번에는 처음으로 4대 비극 중 하나를 읽어보았다. 덕분에 말에 대해서 더 생각해보는 시간이었다. 점점 글들을 해석할 수 있는 능력이 길러지고 있지만, 여전히 셰익스피어 소설은 소개하기 어렵다.

하루에 책 한 권 읽으면
독해력이 좋아질까요

매일 한 권씩 읽기에 방점을 찍기보다
매일 읽고 쓰는 습관에 집중한다면
분명 독해력은 자라난다.

어느 교육 전문가가 말했다. "가장 중요한 건 독해력"이라고. 20~30년 전 부모 세대가 봤던 수능과 요즘의 수능은 질적으로 다르다고 한다. 초창기의 수학능력시험이 여전히 학력고사의 때를 벗지 못해 암기를 주요 기술로 사용할 수 있었다면, 지금의 수능은 암기로는 감당이 안 된다. 교과서 외 지문으로 이루어지기 때문이다. 교과서에 없는 한 번도 보지 못한지문이 시험지를 빼곡하게 채운다. 물론 문제는 다 배운 것을기준으로 나온다. 다만 새로운 지문을 만나 그것을 어떻게 응용하느냐가 관건이다. 말 그대로 대학에서 수학할 능력이 되는지를 보기 위한 시험이다. 이것이 독해력이 가장 중요한 이유이다. 읽고 해석할 수 있어야 문제를 풀 수 있다.

책 읽기는 독해력에 도움이 된다. 그러나 안타깝게도 읽고 해석하는 능력은 읽기만으로 완벽하게 해결되지 않는다. 한글로 된 문장을 잘 읽을 수 있다고 해서 독해력이 좋다고 말할 수 없다는 걸 하루에도 여러 번 경험한다. 예를 들어 온라인 기사 아래 달린 댓글을 보면 같은 기사를 읽은 것이 맞나 싶은 내용이 쓰여 있을 때도 있고, 커뮤니티에 쓰인 긴 글 아래 요약해달라는 댓글도 빈번하게 본다. 마찬가지로 책에 적혀 있는 내용을 읽고 요약할 줄 안다고 해서 독해력이 좋은 것은 아니다.

독해란 단순한 이해가 아니다. 맥락을 파악하고 의미를 해석하고 그 시비를 비판적으로 평가하는 것이다. 독해력은 내용의 이해는 물론, 주체적이고 비판적인 시각으로 메시지를 분석하고 해석해 자신만의 해답을 찾아보는 것까지 폭넓은 사유를 거친 후에 생겨난다. 다시 말해 책 읽기는 독해력을 키우기 위한 기초 체력과 같은 것이며, 독해력이 좋아지고 싶다면 우선 책을 꾸준히 읽고 독후감을 써야 한다. 문이 바깥 공기를 충분히 차단할 수 있지만, 잠금장치가 있어야 비로소 안전해지는 것과 같다. 아이가 어리다면 일단 매일 책을 한 권씩 읽혀라. 매일이 어렵다면 일주일에 한 권도 좋다. 책 읽는 것이 습관으로 자리 잡으면 그다음에는 독후감이다. 읽으면서 내용을 충분히 자기 것으로 만드는 것이다. 처음부터 잘 쓰지 않아도 된다. 잘 쓰게 하려고 엄마가 너무 간섭하지 않는 게 좋다. 과연 아이가 제대로 읽었는지 내용을 잘 파악하고 있는지 확인하면 된다.

다만 줄거리를 잘 요약하는 것으로 독후감을 잘 쓰고 있다고 생각하면 안 된다. 그건 반복해 훈련하면 누구나 닿을 수 있는 지점이다. 독후감이란 읽은 후의 감상, 즉 책을 읽으면서 그 안에서 전달하고자 하는 지식과 의미를 파악하고 여기에서 촉발된 다양한 이해와 비판의 뒤엉킴, 내적 혼란을 정리하며 자신의 세계관으로 정립해가는 과정이다. 따라서 독후감을 쓰다 보면 처음에는 "재미있다" "흥미롭다" "신기하다"는 직관적인 감정에서 시작해 차츰 그 내용이 왜 재미있는지, 무엇이 충격적이었는지, 뭐가 못마땅하고 어떤 점이 아쉬웠는지를 비판할 수 있게 되고, 나아가 책의 내용과 독자 자신의 현실이 어느 지점에서 맞닿아 있는지, 혹은 동떨어져 있는지, 그래서 이 책을 읽은 후에 무엇을 해야 하고 어떤 방식으로 문제를 해결해야 하는지까지 도달할 수 있게 된다.

매일 한 권씩 읽기에 방점을 찍기보다 매일 읽고 쓰는 습관에 집중한다면 분명 독해력은 자라난다. 그 속도는 사람마다 다르다. 똑같은 수준으로 오르지 않는다. 같은 높이에 도달하더라도, 어떤 사람은 제자리걸음인 듯하다가 갑자기 오르는 계단형이고, 어떤 사람은 확연한 발전이 보이진 않지만 꾸준히 나아지는 경사로형이다.

우리 아이의 경우를 예로 들자면 독후감을 제대로 쓰기 시작한 건 4학년 때부터였다. 학교 숙제 아니고 집안 숙제인데, 그때부터 지금까지 빼놓지 않고 쓰고 있다. 그런데 중학교에 들어와 1, 2학년이 되기까지 큰 진전이 없어 부모의 속을 태웠다. 집중하지 않고 대충 쓴다고 싫은 소리를 하기도 했다. 아이의 글을 지켜보는 부모 입장에선 조금 답답했다. 초등학교 때 반짝거리던 아이가 왜 그때 그 수준에서 크게 나아지지 않는 걸까? 솔직히 조바심이 났다. 그래도 포기하지 않고 중3이 되었을 때도 독후감을 쓰게 했다. 중3이고 학습량에 허덕인다고 엄살을 피워서 매주 독후감 한 편을 2주에 한 편으로 줄여줬다.

아이는 한 주는 이야기를 따라가기만 하면 되는 가벼운 소설을 읽고, 한 주는 독후감을 쓸 다양한 장르의 책을 읽었다. 나아질 거라는 믿음으로 쓰기를 계속 했더니 재미있는 건 갈수록 독후감 수준이 높아졌다는 것이다. 줄거리만 소개하던 것에서 자신의 감정을 넣다가 이제는 그동안 책을 읽으면서 키운 인문학적 소양을 담아 비판과 제안을 적절히 섞기도 했다. 어느덧 성큼 발전해 있었다. 가끔 우리보다 잘 쓴다고 말하는 글이 나오기도 했다. 독해력이 훌륭하다고 얘기하진 못하겠지만, 어느 정도 읽고 쓰고 이해하는 힘은 길러진 것 같다.

일본 메이지 대학 문학부 교수이자 최고의 교육 전문가라 불리는 사이토 다카시는《책 읽는 사람만이 닿을 수 있는 곳》에 이런 말을 했다. "지식은 세포분열하듯 늘어난다는 것이다. 1이 2가 되고 2가 4가 되며, 8, 16, 32… 이런 식으로 처음 엔 제대로 읽는 건가, 쓰는 건가 하지만 자꾸 읽으면 마치 페 인트를 덧바르는 것처럼 단단한 지식을 갖게 된다." 즉 조금 시간이 걸리더라도 지켜보는 게 필요하다. 스스로 하는 것이 독해다. 엄마가 옆에서 따라다니면서 설명해줄 수 없는 노릇 이다.

사람마다 성격도 성향도 속도도 다르다. 그걸 알고 기다 리는 게 필요하다. 물론 조바심도 추천한다. 부모가 너무 조 바심을 내면 아이에게 스트레스를 주고 결국 좋지 않은 결과 가 생길 수 있다고 전문가들이 얘기하지만 독서만큼은 아니 라고 생각한다. 아이들에게 책 읽으라고 잔소리하는 엄마들 을 응원한다. 왜 자꾸 모든 걸 엄마들이 널리 이해하는 것으 로 해결하려는지 모르겠다. 읽고 쓰는 건 포기하면 끝이다.

읽고 쓰는 건 최소한 자신의 의견을 말하고, 다른 이의 말을 이해하기 위해 꼭 필요한 일이다. 책에서 거듭 말하지만, 독서만큼 저비용 고효율의 교육이 없다. 그러니 엄마들이여, 봐주지 말고 태엽을 감으시기를. 저도 지금 조이러 갑니다.

독해력의 완성은 글쓰기
중학생 글쓰기 샘플

    책도 겨우 읽는 아이들이 어떻게 자신의 시각으로 해석한 글쓰기를 하고 그걸 통해 독해력을 키울 수 있느냐고 반문할 수도 있다. 그러나 부모와 아이가 함께 책을 읽고 느낀 바를 툭툭 주고받다보면 아이는 자기 의견을 발견하고 힘주어 주장하게 된다. 그런 것들을 자연스럽게 할 수 있을 때 독해력이 생기는 것이다. 다음은 우리 아이가 중학교 3학년 때 쓴 독후감 세 편이다. 순서대로 읽어보면 조금씩 발전한 것이 보인다. 처음 《선녀는 참지 않았다》는 단순히 책을 읽고 그 내용을 음미한 독후감이었다. 두번째 《여자다운 게 어딨어》는 읽고 깨달은 것을 현실에 적극적으로 적용한 내용을 썼다. 마지막 《문학은 어떻게 내 삶을 구했는가》는 전체를 다 읽었지만 일부분을 부각시켜 새롭게 해석한 글쓰기를 했다. 앞서 말한 것처럼 꾸준히 읽고 쓰고 이야기 나누면서, 책의 내용을 이해하고, 주체적으로 해석하는 독해력이 자란 것이다. 완벽한 예시는 아니지만, 독해력 성장을 위해 아이에게 독후감을 쓰게 하는데 어떻게 해야 할지 막막하다면 참고가 되기를 바란다.

여자는 전래동화 속 도구일 뿐이다
─《선녀는 참지 않았다》를 읽고

전래동화에서는 항상 남자 주인공들은 능동적으로 행동하고, 여자들은 수동적으로 이끌려 다니는 역할을 한다. 그래서 동화들은 어린아이들에게 성역할을 강요하는 도구가 될 수 있다. 《선녀는 참지 않았다》는 동화 속 여자들이 교훈을 주기 위해 쓰이는 엑스트라가 아닌 주체적인 한 인간으로서 재해석한 책이다.

내가 인식하지 못했던 동화 속 부당함들을 일일이 짚어내 씁쓸한 기분이 들었다. 어렸을 때 재밌게 읽었던 동화들이, 심지어 아직까지도 인기 있는 이야기들이 특정 집단을 물건처럼 묘사하는 게 안타까웠다. 그리고 아직 세상이 완전히 바뀌지 않아 나도 똑같은 처지가 될까봐 무서웠다. 내가 여자라는 이유로 무시당하고, 없어도 되는 것처럼 취급당할 수도 있다는 걸 동화가 알려주고 있었다.

책을 읽으며 내 안에서 용기나 자신감 같은 에너지가 나오는 느낌이었다. 여자들이 수동적인 위치에 있는 이야기들을 읽으면 자꾸 위축되는 기분이 들었다. 여자들은 혼자 할 수 있는 게 아무것도 없고, 남자가 도와줘야 위기를 헤쳐나갈 수 있는 것처럼 묘사되어 나중에 위기가 찾아왔을 때 누가 나에게 손을 건네주지 않으면 어떻게 빠져나가지? 하는 의문도 들었다. 각색된 동화들을 읽을 때는 의도적으로 이야기를 바꾼 걸 알면서도 기분이 좋아졌다. 맨날 당하기만 했던 사람들이 혼자 고난에 맞서 싸우는 것이 엄청난 에너지를 주었다.

열 개의 작품이 있는데, 그중에서 나는 《반쪽이》를 각색한 동화가 제일 좋았다. 기존의 반쪽이에서는 뭐든지 반쪽으로 태어난 사람이 과거 시험을 보러 가는 길에 호랑이를 잡는다. 가죽이 탐났던 마을 대감이 자신의 딸과 가죽으로 내기를 건다. 반쪽이가 지혜를 발휘해 가죽과 대감의 딸을 모두 쟁취하는 내용이다. 《선녀는 참지 않았다》에서는 대감의 딸 이연이 이야기를 서술한다. 이연은 순순히 반쪽이에게 업혀가지 않고 아버지가 자신을 내기에 건 것이 분해 남자아이로 분장을 하고 집을 탈출한다.

이연이 집에서 나온 후, 여관에 갔을 때 한 남자아이를 만난다. 정체가 들통날까봐 조심조심 행동했던 이연은 떠날 때 자신의 진짜 이름을 알려준다. 남자아이는 놀라기는커녕 실제 이름을 알려주고 헤어진다. 알고 보니 그 남자아이도 여자였던 것이다. 나는 이 장면이 가장 인상 깊었다. 하고 싶은 일을 하려면 여자인 걸 숨기고 남자인 척 살아야 했던 사람들이 안쓰러웠다. 어떤 연결고리도 없던 두 사람이었는데, 서로의 정체를 알고 웃는 장면에서 두 사람 사이의 알 수 없는 끈끈한 연대를 느꼈다. 희망을 잃지 않으면서 각자 응원하고, 원하는 걸 이루려고 떠나는 모습이 감동적이었다.

새로 쓰인 《반쪽이》는 나에 대해 생각하게 했다. 나는 내 앞에 있는 어떤 장벽들을 깨부수려고 한 적이 있던가? 혹은 그런 용기를 가지고 있을까? 연과 남자아이는 자신이 원하는 것을 하려고 정체까지 숨기며 살아간다. 그런데 내가 고작 작은 벽 앞에서 포기를 한 건 아니었는지 확인하게 되었다. 또한 나였으면 각박한 세상 속에서 혼자 살아내기 바빠 누군가를 도와주고, 함께할 수 없었을 것이다. 그런데 책 속에서는 연대하고, 서로를 신경 써주었다. 혹시 내가 연대를 해야 하는 상황에서 나의 이익만을 위해 비겁하게 행동한 적은 없는지 돌아보게 되었다.

우리는 성차별들이 널려 있는 전래동화를 아무 의심 없이 받아들이게 된다. 그래서 여전히 성인지 감수성을 가지지 못하고, 부당한 것도 바로잡지 못하고 있다. 더 많은 동화들에서도 여자와 남자가 동등한 위치에서 똑같은 목소리를 낼 수 있어야 한다.

우리는 왜 매번 선생님들에게 꾸밈을 허용해달라고 요청할까?
—《여자다운 게 어딨어》를 읽고

학교에서 회의를 할 때 매번 안건으로 학생의 꾸밈의 정도가 나온다. 나는 매번 학생들의 복장이나 화장을 제한하지 말자는 입장이다. 학생이 꾸미는 것은 개인의 선택인데 굳이 막을 필요가 있나? 자신의 겉모습에 신경 쓰는 것은 각자의 자유라고 생각했다. 선생님들이 우리를 제지하시면서 말하는 '학생답지 못하다'는 말도 말이 안 된다고 생각했다. 그런데 책《여자다운 게 어딨어》를 읽고서는 생각이 조금 바뀌었다. 작가가 여러 실험을 직접 해보면서 우리 사회에서 젠더가 어떻게 적용되고 있는지에 대해 말하고 있는 책인데, 몇몇 장면에서 우리 학교에서 매년 화제가 되는 대위원회의가 겹쳐 보였다.

학생들은 왜 학교에 매번 꾸밈을 허용해달라고 요청할까? 전에 읽었던《백설공주는 왜 문을 열어줄까》에서 학교 선생님인 저자는 처음에 학생들이 화장을 하는 것을 이해하지 못한다. 지금 나이는 안 해도 예쁠 나이인데, 괜히 안 좋은 화장품을 쓰다가 피부만 안 좋아진다는 것이다. 그런데 이 말을 들은 저자의 조카가 말한다.

"화장을 해서 피부가 안 좋아지는 게 아니라, 피부가 안 좋아서 화장을 하는 거야."

우리는 학교에서 생활을 하면서 겉으로 봤을 때 더 친구들과 알게 모르게 자신을 비교하게 된다. 하나의 공동체로서 생활하면서 우리는 성적, 나이 등 여러 가지로 계급이 나뉜다. 그중 하나는 인기이다. 보통 외모가 예쁜 친구들이 인기가 많은 경우가 많아서, 상대적으로 내가 더 못나 보일 때가 있다. 나는 지금 저 친구만큼 예쁘지 않으니까, 더 예쁜 옷을 입거나 화장을 하려 한다. 그런 비교뿐만이 아니다. 화장품에 대해서 얘기하는 애들의 대화에 끼지 못하기도 하고, 그렇게 잘 모르는 자신을 좋아하지 않게 된다. 때문에 많은 친구들이 모두 외모에 관심을 가질 수밖에 없다.

책에서는 젠더가 조건화되어 있다고 한다. 스스로 선택하는 것이 아니라 우리 주변의 사회, 그리고 문화가 사람들을 그렇게 행동하게 만드는 것이다. 학교, 교실, 그런 작은 공동체 안에서 우리는 꾸밈을 강요당하기도 한다. 현장체험학습처럼 꾸밈이 허용되는 날에 꾸미지 않은 친구가 있다면 오히려 관심을 끈다. 하지만 남학생과 여학생에 따라 그 관심의 형태가 달라진다. 만약 남학생이 체험학습 날 반소매 티에 반바지만 입었다고 해보자. 선생님들뿐만 아니라 다른 친구들도 별로 신경 안 쓴다. 하지만 똑같은 패션의 여학생이었다면? 선생님들은 놀러 가는 날인데도 별로 안 꾸미고 왔다며 다른 여자애들과는 다르다며 칭찬하실 것이다. 혹은 신기하다는 듯이 쳐다보시거나. 한껏 꾸미고 온 남학생들도 똑같은 시선을 받을 것이다. 보통 남자애들은 패션에는 관심이 없는데, 라고. 분명 남학생들도 함께 복장규정을 없애달라고 요청했음에도 선생님들은 여학생들이 요청했다는 생각만 하셔서 오해를 하실 때도 있다.

옷과 겉모습에 관심을 가지는 것은 그저 선택이다. 다른 것들처럼 하나의 관심사일 뿐이다. 우리는 태어났을 때부터 여자는 여자답게, 남자는 남자답게 태어난 것이 아니라 어렸을 때부터 사람들이 그렇게 행동하라고 말해서 그 행동이 굳어지는 것이다. 사회의 보편적인 성역할에 따르며 그 경험들이 축적되어 결국 개개인의 정체성도 반강제적으로 확립된다.

우리는 가정시간에 양성평등을 배우고, 도덕시간에는 자아 정체성을 찾고 서로의 정체성을 존중해야 한다는 수업을 듣는다. 그런데 이미 학교에서는 여자다움, 남자다움, 학생다움 등 여러 '~다움'을 강요한다. 귀찮음을 이겨내면서까지 화장을 하고 준비하는 건 정말 우리의 선택일까? 하나의 커뮤니티 안에서 강요받은 건 아닌가? 그리고, 화장과 염색을 금지하면서 선생님들은 '학생답지 못하다'는 것을 예로 드는 것이 맞는 선택일까?

문학은 거짓말을 하지 않는다
─《문학은 어떻게 내 삶을 구했는가》를 읽고

나는 스토리를 좋아한다. 내가 저 상황이었다면 어떻게 대처했을까, 나를 소설에 대입해서 읽는 걸 좋아한다. 《문학은 어떻게 내 삶을 구했는가》를 처음 읽었을 때는 이해가 잘되지 않았다. 전체적으로 글에 대한 이야기를 하고 있는데, 문학의 기능이나 역할 등에 대한 작가의 시각을 풀어냈다. 이 책은 우리가 늘 읽는 형식의 글이 아니라 스토리가 없고 의식의 흐름대로 쓰인 것 같은 콜라주 형태의 글이었다.

여기저기 흩어져 있다는 느낌을 받아서 정신없다고 느끼기도 했지만, 작가가 지정해놓은 숨겨진 주제를 찾는 것에 힘쓰지 않고 자유롭게 생각을 할 수 있어서 좋았다.

"나는 문학이 인간의 외로움을 달래기 바라지만, 그 무엇도 인간의 외로움을 달랠 수 없다. 문학은 이 사실에 대해 거짓말을 하지 않는다. 그 때문에 문학은 필요하다."

책의 마지막 문장이다. 이 문장은 나한테 큰 공감을 일으켰다. 나는 가끔 잠이 안 와서 책을 읽을 때가 있다. 여러 명이 등장해서 사건을 해결하는 흔한 성장소설을 주로 읽는데, 읽는 순간에는 내 옆에 그 친구들이 있는 것 같고 나도 사건을 해결하는 데 기여한 듯한 기분이 든다. 그래서 읽는 동안에는 나의 외로움이 덜해진다. 그 후 책을 덮으면 다시 조용하고 어두운 밤으로 돌아오게 된다. 소설의 여운 때문인지 더 공허함을 느낄 때가 많다. 그 사실을 아는데도 나는 잠이 안 오면 여전히 소설을 읽는 날이 있다. 잠깐이라도 그 분위기를 느끼고 집단의 일원이 되고 싶어서.

이런 이유 때문에 고전이나 두꺼운 책은 집중도 안 되고 삶의 속도를 따라갈 수 없어 싫다는 작가의 말에 동의하지 않는다. 어차피 꾸며진 이야기인데 굳이 지금 삶의 속도에 맞출 필요가 있을까? 실제의 나를 잊을 수 있고, 현실에서는 하지 못할 일을 이룰 수 있는 게 문학이라고 생각한다. 잠깐 동안 현실세계에서의 나는 멈추었더라도 문학을 읽으면서 느끼는 감정, 새롭게 보게 된 것들은 멈춘 시간을 대신하기에 충분하다고 생각한다.

책에서 다양하게 문학의 의미에 대해 얘기할 때 나한테 문학은 어떤 존재일지 고민해봤다. 나에게 문학은 현실을 도피할 수 있는 수단이다. 웬만한 주인공들은 버프를 받아 대부분 성공하게 되어 있다. 소설을 읽으면 언제나 행복할 일만 남은 주인공들에게 이입하여 잠시 동안 여행을 떠나는 느낌이다.

우리는 서로가 서로와 있을 때의 모습만 알지, 다른 사람과 있을 때의 모습이나 그 사람이 혼자 있을 때 나오는 내면의 모습을 알지 못한다. 그런데 문학은 아무리 터무니없는 이야기가 전개되더라도 인간의 감정과 그 속내를 잘 보여준다. 문학이 거짓말을 하지 않는다는 것은 이런 뜻이라고 생각한다. 문학 그 자체가 깨끗하게 내면을 보여줄뿐더러 책을 읽으면서 나의 몰랐던 모습들도 발견하기 때문이다. 남 앞에서 숨기는 나의 모습들을 문학 속의 사람을 보면서 찾아낼 수도 있고, 내가 싫어했던 나의 모습의 장점들을 알아낼 수도 있다. 책은 깨끗한 거울 같아서, 나의 이곳저곳을 비춰보면서 정말 내가 어떤 사람인지를 알게 해준다.

사람은 늘 외롭고, 문학은 그 외로움을 달래지 못하지만 지금 내가 무슨 감정을 느끼고 있고 왜 이런 상태인지 알려준다. 꾸며진 내가 아니라 진짜 모습의 나를 보여준다. 그렇기 때문에 문학은 필요하다.

책은 많이 보는데,
글쓰기가 나아지지 않아요

아이가 좋아하는 책을 골라 필사를 시켜보자.

이 글을 쓰고 있는 바로 지금 현재 나의 상태를 이야기해 볼까 한다. 현재 시간은 오후 1시 47분이다. 아니 48분이 되었다. 어쨌든 오후 2시를 10분 앞둔 지금에서야 문서 파일을 열었다. 오전 시간 동안 많이 바빴느냐고 물으면 바빴으나 바쁘지 않았다고 대답하겠다. 오전 9시쯤 일어나 겨우 정신을 차리고 강아지 산책을 시키고 돌아와 씻고 간단한 집안일을 하고 커피를 한 잔 하고 점심을 차려 먹고 SNS를 훑어보니 12시. 노트북을 열고 크롬 창을 열고 남이 쓴 글들을 읽고 신문기사를 읽는 데 한 시간, 그것만으로 일을 할 준비가 되지 않아 교육 영상을 좀 찾아보다가, 보다 보다가 정신을 좀 차려야 할 것 같아 커피를 한 번 더 내리고 겨우 문서 파일을 열어 글을 쓰기 시작했다.

별 재미도 없는 게으름뱅이의 오전 일과를 길게 나열한 이유는 글을 쓴다는 건 이런 일이라는 걸 설명하기 위해서다. 글을 쓴다는 건 내 안으로 들어가는 일이다. 내 안을 들여다볼 눈이 따로 존재하지 않기 때문에 대부분의 사람들은 단번에 길을 찾지 못한다. 생각에 닿는 길은 좁고 어둡고 험하기도 하거니와 도깨비의 장난처럼 진입로가 매번 달라진다. 두렵고 막막한 마음에 어떻게든 피해보려고 꾀를 부리게 되는 일이 바로 글쓰기다.

그런데 왜 글을 쓰느냐고 한다면 또 이렇게 설명할 수 있다. 어렵게 찾아낸 문을 열고 들어가면 누구의 침입도 없었던 깨끗한 공간이 나타나는데 그걸 마음대로 꾸미고 채워 새로운 우주를 만들 수 있다. 내가 만들어낸 우주를 만날 때의 기쁨과 희열이 너무 커서 시작 전 괴로움 따위는 그저 잊고 또다시 겁 없이 글쓰기에 뛰어들게 된다. 그래서 나는 매일 오전 부끄러운 사람이 되어 한껏 쪼그라들었다가 손끝으로 몇 문장이라도 만들어낸 밤이 되면 뿌듯한 마음으로 잠이 든다.

글쓰기는 정말 어려운 일이다. 잘 쓰려면 끊임없이 지식을 흡수하고 생각한 것을 정리하면서 무엇보다 성실해야 한다. 매일 줄기차게 노력하지 않으면 좀처럼 나아지지 않는다.

물론 이게 조금 쉬운 사람들도 있다. 사람은 저마다의 재능이 있으니까. 하지만 글쓰기는 또 공평한 기술이기도 해서 재능이 있지만 성실하지 않으면 절대 좋아질 수 없다. 성실하게 꾸준히 세상과 자신을 마주한 사람과 그렇지 않은 사람이 만들어낸 우주가 어떻게 같을 수 있을까?

책을 많이 보는 아이라면 반은 성공이다. 읽은 것이 있으니 쓸 것도 분명히 있다. 다만 자신의 생각으로 들어가 정리하는 일이 힘들고 귀찮거나 글로 표현하는 일이 서툰 것일 뿐이다. 게다가 책만 읽어도 칭찬을 받는 세상인데 굳이 쓰기까지 해야 하는지 아직 납득이 가지 않을 수도 있다.

이럴 땐 필사로 시작하는 것도 방법이다. 학년별 수준에 맞는 책을 고르라고 하면, 분명히 엄마는 수준 높은 책을 고를 테니, 아이가 좋아하는 책을 골라 필사를 시켜보자. 한때 신문 사설 필사하기가 유행처럼 번졌는데, 그때 많은 아이들이 늘었던 건 글씨를 빨리 쓰는 기술이었다. 어렵고 공감이 가지 않으니 숙제하듯이 해치워버렸던 것이다. 필사를 시작하려면 먼저 아이와 충분히 대화를 나눠보길 권한다.

특히 요즘 마음을 빼앗기는 게 무엇인지, 어떤 글을 읽으면 즐거운지, 글을 쓸 때 무엇이 가장 어려운지 등에 대해 아주 기본적인 것부터 세밀하게 짚어나가면 분명히 찾게 된다.

그렇게 찾아낸 글을 하루에 시간을 정해 차분히 옮겨 쓰게 하고, 그 문장에서 단어를 바꿔 자신의 이야기로 만들어보면 조금씩 자신감이 붙는다. 해리 포터의 주문을 옮겨 쓴 날은 자기만의 주문을 만들어보기도 하고, 게임 산업에 대한 기사를 옮겨 쓴 날은 자신이 생각하는 전망을 한 줄이라도 적어보게 한다. 그것도 힘들어하면 함께 대화를 하다가 아이가 말한 그걸 그대로 옮겨 적어보라고 하면서 한 줄 한 줄 늘려가도 좋다. 누군가의 글을 바탕으로 자신의 것을 만드는 훈련을 하면 나중엔 밑그림 없이도 색색의 표현을 할 수 있게 된다.

우리 아이는 글을 쓰는 건 어렵지 않지만, 신체를 이용하는 기술에는 전혀 재능이 없는 축에 속한다. 그래서 가장 성적을 걱정하는 과목이 체육이다. 중학교 3학년 1학기 체육 수행 과제는 '저글링'이었다. 두 손으로 공 세 개를 떨어뜨리지 않고 스물여덟 번 이상 옮겨야 A를 받을 수 있었다. 순발력도 평형감각도 유전자에 새겨주지 못해 미안한 마음으로 저글링 공을 주문해줬다. 학교에서 수업시간에 연습하는 것만으로는 스물여덟 번은커녕 두 번도 힘들다는 걸 잘 알아서였다. 아이는 매일 일정 시간 공을 돌렸다. 툭, 툭, 툭. 1~2초에 한 번씩 공이 떨어졌다. 다섯 번을 넘기기까지 한 달쯤 걸린 것 같다. 중학교 3학년이라고 공부할 것도 많고 책도 읽고 글도 쓰느라 시간에 쫓겼지만 계속 연습했다. 평가를 앞둔 일주일은 잠자는 시간을 줄여가며 연습했다. 결과는 스물여덟 번 성공.

단지 수행평가 A를 받기 위해 연습을 시킨 건 아니다. 성적과 무관하게 재능을 넘어서는 경험을 갖게 해주고 싶었다. 갖지 못한 것을 성취하는 순간의 기쁨을 느껴보길 바랐다. 순발력이 없지만 키우면 된다는 걸 알게 하고 싶었다. 저글링 스물여덟 번을 성공한 날 우리 가족은 너무나 기뻐 환호했다. (치킨을 먹었다.)

타고난 것에 대한 성취와 부족한 것에 대한 성취는 다르다. 달리기를 잘하지만 글짓기는 서툰 아이에게 계주 1등과 백일장 장원의 의미는 절대로 같지 않다. 다산 정약용 선생은 글쓰기를 나무에 꽃이 피는 것에 비유했다.

"나무를 심는 사람은 가장 먼저 뿌리를 북돋우고 줄기를 바로잡는 일에 힘써야 한다. 그러고 나서 진액이 오르고 가지와 잎이 돋아나면 꽃을 피울 수 있게 된다. 나무를 애써 가꾸지 않고서, 갑작스레 꽃을 얻는 일은 절대 일어나지 않는다."[*]
글쓰기뿐 아니라 그것이 무엇이듯 갑자기 피는 꽃은 없다. 우리 모두 알고 있는 사실이다.

---

[*] 《다산시문집》 '양덕 사람 변지의에게 주는 말' 중.

독서 모임에
가는 게 좋을까요

같은 문장이라도 해석에서 차이가 났다.
사람이라는 건 이렇게 다른 존재라는 걸 새삼 느꼈다.

토박이 지인들에 의하면 가평군 설악면에 책방이 마지막으로 있었던 때는 25년 전쯤이라고 했다. 25년 동안 마을은 책방 없이 지냈다. 처음 책방을 열기로 마음먹고 머릿속에 조감도를 그려봤다. 가장 처음 떠오른 건 파란 하늘 아래 책방이 있고, 작은 문으로 아이들이 드나드는 풍경이었다. 다른 누구보다 아이들이 많이 왔으면 했다.

PC방, 노래방 다 좋지만 책방에 오면 더 좋잖아! 편안하게 놀듯이 오며 가며 들르럼. 더운 날은 시원하게 추운 날은 따뜻하게 해놓을게. 책을 사지 않아도 괜찮아. 책상과 의자를 두고 편안하게 책을 읽을 수 있도록 해놓을게. 마실 물과 간단한 간식도 챙길게. 가끔은 함께 영화도 보고 음악도 듣자.

마음으로 보낸 편지는 책방 문을 열고 몇 개월이 지나도 아이들에게 가 닿지 않았다.

몇몇 고등학생 친구들이 찾아와 신기해하며 좋아했지만, 그 친구들은 마을에서 책을 좋아하는 몇 안 되는 특별한 친구들이었다. 그렇게 몇 개월을 보내고 깨달았다. 책을 좋아하는 아이들은 생각보다 적고, 사서 읽는 친구들은 더 적고, 중년 아저씨 아줌마가 운영하는 책방이라는 존재는 아이들에게 결코 편안한 공간이 되지 못했다.

그래도 책방에 아이들이 드나드는 풍경을 지워낼 수 없어 오지 않는다면 올 수밖에 없게 만들어보기로 했다. 북유럽 청소년 영화제를 열어 젊은 감독을 초대해 영화와 관련된 꿈을 가진 친구들과 만남도 주선하고, 인디가수의 공연도 했다. 생각만큼 폭발적이지 않았지만 아주 작은 관심이 묻어났고 더 작은 희망이 보였다. 그 희망을 키우기 위해 어쩌다 하는 이벤트가 아니라 지속적으로 아이들을 책방에 부를 수 있는 기획이 필요했다.

궁리 끝에 '고전토론 모임'을 만들었다. 아이와 같은 학년 친구들로 시작했다. 열한 명의 아이들이 자의 반, 부모의 권유 반으로 모였다. 모임을 시작하면서 정해놓은 기준은 하나였다. 어렵고 글이 많아 스스로 절대 집어들게 되지 않는 고전을 읽는 것이었다. 쉽고 재미있는 책은 모임이 아니라도 얼마든지 읽을 수 있으니 친구들과 '독서 모임'이라는 타이틀로 만날 때만이라도 어렵다 싶은 걸 읽히고 싶었다.

자신을 책벌레라 부르는 생태학자 최재천 교수를 인터뷰했을 때 그는 '기획 독서'를 강조했다. 힘들어도 도전해서 읽어야 공부가 된다는 것이다. 계획해서 목표를 가지고 독서를 하다보면 전혀 모르는 책도 읽는 노하우가 생긴다고 했다.

하루가 다르게 변하는 이때, 현재 교육 시스템이 변하길 기다리기에 앞서 스스로 자생하는 방법을 터득해야 하는데, 그중 가장 좋은 것이 독서라면서 인터뷰 시간 내내 책 읽기를 강조했다. "기회의 문을 열어주는 게 바로 '책'입니다. 조금이라도 독서한 사람과 하지 않은 사람은 어마어마한 차이가 있어요. 기회의 문을 열어보느냐 아니냐의 차이는 크죠. 기획 독서를 하세요. 누군가 도와줘도 좋지요. 그냥 읽는 것 말고 '잘' 읽을 수 있도록 말이죠."

최재천 교수를 만나고 온 날 당장 아이 독서 목록을 다시 살폈다. 나는 우리 책방에서 독서 모임을 하는 친구들에게 기획 독서를 도와주는 '누군가'가 되기로 하고 책 목록을 작성했다. 아이들이 6학년이던 첫해에는 일곱 권의 책을 함께 읽었다.

3월은 어니스트 헤밍웨이의 《노인과 바다》, 4월은 조지 오웰의 《동물농장》, 5월은 헤르만 헤세의 《수레바퀴 아래서》, 6월은 카프카의 《변신》, 9월에는 하퍼 리의 《앵무새 죽이기》, 10월은 투르게네프의 《첫사랑》, 11월은 각자 추천이었다.

청소년 고전 토론 모임을 신설하면서 책방 SNS에 이런 글을 썼었다.

이런 모임을 만든 취지는 고전 읽기에 대한 거부감을 없애고 좋은 책에 대한 호감을 높이기 위한 것입니다. 양질의 텍스트가 주는 삶의 풍요에 대해 아이들이 조금 더 일찍 깨달았으면 하는 마음도 있고요. 다른 사람과 의견을 나누면서 내 생각을 전하고 다른 이의 생각을 받아들이는 연습을 했으면 하는 마음도 있습니다. 그리고 무엇보다 아이들이 나중에 어른이 되어서 친구들과 《노인과 바다》를 이야기했던 봄밤을 떠올리거나, 첫사랑을 시작할 때 투르게네프의 문장 한 줄에 감정을 실었으면, 일과 돈 앞에서 그레고르 잠자를 생각하고, 친구들에게 소개할 책을 고르느라 보냈던 시간을, 작은 책방 노란 불빛 아래서 보냈던 짧은 시간을 오래도록 기억했으면 해요. 책방 북유럽이 누군가에게 그런 추억이 되면 정말 좋겠다는 욕심에 시작합니다.

그렇게 시작된 모임은 아이들이 중학교 3학년이 될 때까지 이어졌다. 아이들은 1년에 예닐곱 권의 고전을 읽었다. 어렵다고 투덜대기도 하고 가끔 다 못 읽어 오기도 했지만 매달 모임에 빠짐없이 참석했다.

2년째 되던 해 책 읽기에 좀처럼 흥미를 붙이지 못하겠으면 모임에 나오지 않아도 된다고 했더니 한 녀석이 그만두겠다고 손을 들었다. 그날은 그해 마지막 책인 에밀 아자르의 《자기 앞의 생》을 읽은 날이었다. 모임이 끝나 책방 정리를 마치고 불을 끄려는데 문밖에 아이들이 보였다. 다시 문을 열고 "잘 가, 내년에 보자!"라고 하니 한 녀석이 그만두겠다는 녀석을 끌고 와서는 "내년에도 이 친구랑 꼭 같이 올게요. 안녕히 계세요."라며 꾸벅 인사를 했다. 헤어지면서 우리는 《자기 앞의 생》 마지막 문장을 다 같이 크게 외쳤는데 그 단어들이 아이들과 나를 묶어주는 것 같았다. "모두 사랑해야 한다!"

6학년 시절에는 토론이 잘되진 않았다. 말을 시킬까봐 고개를 숙이고 있는 친구들도 있었다. 그래도 한 명 한 명 어떻게든 말하게 했다. 책에서 가장 좋았던 문장 세 개를 뽑아서 친구들 앞에서 소개하고 이유를 말하도록 했다. 신기하게 거의 겹치지 않고 각각이었다. 어른들이라면 좋아하는 문장이 비슷비슷한데 아이들은 확연히 달랐다. 같은 문장이라도 해석에서 차이가 났다. 전형적이지 않은 다양한 생각을 들으면서 아이들의 말랑한 뇌와 감수성이 무척 부러웠다. 사람이라는 건 이렇게 다른 존재라는 걸 새삼 느꼈다.

어설프고 완성되지 않았어도 독서 모임을 하는 내내 아이들의 의견에 토를 달지 않았다. 어른의 의견이라고 정답처럼 생각할까 조심스러웠다. 중학교 2학년이 되고 3년째에 접어들면서 제법 토론이 가능했다. 아이들은 독서 모임에 익숙해졌고 한 달에 한 번 책을 읽어야 하는 것을 당연하게 받아들였다. 그게 고마워서 공부로 바빠진다는 중학교 3학년 때는 당대를 함께 살고 있는 국내 젊은 작가들의 소설을 읽어볼 생각이었다. 번역된 글이 아닌 모국어로 지어진 지금 우리들의 이야기는 아이들 입장에서 고전보다 더 흥미롭겠지. 나의 청소년 시절 반짝이던 젊은 작가들을 동경했던 것처럼 아이들도 그랬으면 했으나 결국 고전을 선택했다. 혼자라면 읽지 않을 책, 역시 그런 것이 우리 모임과 맞았다.

독서 모임이 있다면 보내야 한다. 아주 어려운 책이라도 함께 읽으면 덜 어렵다. 혹시 내가 다 못 읽었더라도 읽은 친구들을 보며 자극을 얻기도 한다. 우리 아이들이 그랬다. 이왕이면 고전 읽기가 좋다. 없다면 학부모들이 모여 만드는 것도 방법이다. 1년에 여섯 권 정도 정해놓고 매회 돌아가며 아이들을 지도하면 된다. 그렇게 되면 부모는 한 해에 고전 한 권이다. 부담 없이 그 한 권만 마스터하면 된다.

고전이 어렵다는 건 편견이다. 생각해보면 우리 시대 아니 더 앞 시대에는 어려서부터 고전을 읽으며 자랐다. 유튜브도 없고 롤게임도 없던 시절엔 시와 소설을 읽는 게 큰 일탈이었다. 매끄럽지 못한 번역에도 닥치는 대로 고전을 읽고 이야기를 나누던 때가 있었다. 그 시절 같은 나이의 아이들도 이해했는데 왜 우리 아이들이라고 못 하겠는가. 우리 아이들도 처음에는 "이해를 못 했어요." 하고 들어서지만 나갈 땐 고개를 끄덕였다. 완벽히 이해하지 않으면 어떤가. 랩을 좋아하는 친구는 유독 카프카의 《변신》이 재미있었다고 했는데, 그게 그해 랩 경연 프로그램에서 누군가의 주제였다고 한다. 아는 것이 나오니 더 좋았던 것이다.

지금 모르면 다음에 다시 읽고 알면 된다. 나는 아이들이 어른이 돼서 책을 읽고 싶을 때 '뭘 읽지?'라는 고민 없이 청소년 시절 읽었지만 이해하지 못했던 고전을 떠올리며 다시 펼치기만 해도 독서 모임의 존재 가치가 충분하다고 생각한다.

다음은 책방 북유럽 SNS에 올렸던 중학생 고전 읽기 모임 책 목록이다. 중학생이 읽기에 어려워 보일 수도 있지만, 흥미 위주의 쉬운 책만 읽으면 비슷한 수준에 머물게 되니, 참고하여 모임을 만들어보는 것도 좋겠다.

중학교 1학년
고전 읽기 모임 책 목록 ⌇⌇⌇⌇⌇⌇⌇ 📖

처음 청소년이라는 타이틀을 달고 무척 들떴던 기억이 있습니다. 제복처럼 보이는 교복을 입고 당장 어른이 된 듯했죠. 늘 같은 소리를 하는 어른들의 이야기가 시시해지고 세상이 다 내 것 같았습니다. 그럼에도 제약과 간섭과 규칙에 갇혀 시키는 대로 하라는 대로 해야 하는 상황이 답답했습니다. 굴레를 벗어나지 못하는 내 자신이 때론 한심스럽기도 했지요. 그러면서 과연 나는 뭔가, 누구인가 그런 고민들을 했습니다. 아마 책방 소녀도 그 친구들도 비슷한 고민을 하지 않을까 싶습니다. 그래서 올해는 '나'를 고민해 볼 수 있는 책을 골랐습니다. 다른 사람들의 삶을 통해 '나의 삶'에 대해 '성장'에 대해 어렴풋하게나마 생각해볼 수 있는 책들을 읽어보려 합니다.

중학교 2학년
고전 읽기 모임 책 목록 〰〰〰〰〰〰 📖

올해는 고전은 아니지만 쉽게 읽히면서도 상상의 지평을 넓힐 수 있는 김초엽 소설가의 작품으로 시작해요. 책방 소녀가 소개하기도 한 이 책은 단편 모음인데, 각각의 주제와 전개가 지금 우리들의 일상과 밀접해서 할 이야기가 풍부할 것 같아요. 김초엽 작가는 93년생, 아이들과 띠동갑 정도인데 동시대 작가의 고민과 상상력을 접하고 현시대를 이해하는 좋은 계기가 되겠지요. 그리고 이어서 올더스 헉슬리의 《멋진 신세계》로 갑니다. 과연 20세기 초 헉슬리의 상상은 어떤 것이었는지. 3월의 책과 비교하며 이야기 나눠보려구요. 5월부터 10월까지 이어지는 책들은 혐오와 차별로 인한 서사들이에요. 노예제, 제2차세계대전, 불가촉민과 가촉민,

과연 작은 것들이란 무엇인가 고민하는 이야기들. 올더스 헉슬리나 김초엽의 상상을 넘어선 좀 더 아름다운 미래를 위해 우리는 삶에서 어떤 것들을 소중히 여겨야 하는 것인지. 무엇을 잘라내야 하는 것인지. 오래된 고전 속 주인공들을 통해 알아볼 예정입니다. 마지막은 《위대한 개츠비》. 개츠비가 위대한 이유는 다른 사람에게 없는 변하지 않는 사랑이 있었기 때문이죠. 《위대한 개츠비》를 통해 목숨과도 바꿀 수 있는 사랑에 대한 많은 질문들을 던지며 한 해 마무리합니다.

중학교 3학년
고전 읽기 모임 책 목록 ~~~~~~~~~~~~

길고 긴 고전 읽느라 고생인 거 잘 알아서 중3 되는 올해는 요즘 소설로 할까 고민했는데요, 아무래도 지금 아니면 고전을 읽을 시간이 없을 거 같아서 올해도 역시 고전입니다. (미안 얘들아. 그래도 최대한 얇은 걸로 골라봤어.)

국어영역 1타 강사가 이런 얘기를 하더라구요. 국어를 잘하기 위해 필요한 건 '태도'다. 아마 읽는 태도를 말하는 거겠죠. 고전 읽기가 그 태도를 잡는 데 도움이 된다고 확신합니다. 애정하는 우리 중3 친구들도 처음과 얼마나 달라졌는지, 볼 때마다 기특합니다. 늘 강조하는 것이지만 중학교 때 어떤 작가를 만났느냐에 따라 많은 것이 달라져요. 작년에 아룬다티 로이와 토니 모리슨의 작품을 읽었는데, 세상을 보는 눈이 조금은 바뀌었을 거예요.

3월 《황금 물고기》 르 클레지오
4월 《피로 물든 방》 앤절라 카터
5월 《젊은 베르테르의 슬픔》 괴테
8월 《폭풍의 언덕》 에밀리 브론테
9월 《캔터빌의 유령》 오스카 와일드
10월 《햄릿》 셰익스피어

어떤 환경에서
책을 읽히는 게 좋을까요

조용한 분위기, 감미로운 음악, 쾌적한 환경 모두
책을 읽기에 더할 나위 없이 좋은 상황이지만
무엇보다 읽으려는 본인의 마음가짐이
만들어지지 않으면 무용지물이다.

제2차세계대전 중 독일군의 침략으로 모든 걸 빼앗긴 채 널제도 건지섬 사람들은 감자 몇 알로 겨우 허기를 달랬다. 어느 날 몰래 숨겨둔 돼지를 잡아 굽고 술을 마시는 인간다운 식사를 한 몇몇은 주기적으로 만나기 시작한다. 집으로 돌아가는 길 독일군에게 모임이 발각되자 그들은 책을 읽는 북클럽이라고 거짓말을 하고 직접 확인하러 온 독일군의 눈을 속이기 위해 책을 읽기 시작한다. 독일군이 더 이상 오지 않게 된 후에도 그들은 함께 책을 읽고 토론을 하며 북클럽을 이어간다. 영화로도 만들어진 소설 《건지 감자껍질파이 북클럽》에는 엄혹한 상황 속 책으로 위안받는 사람들의 이야기가 나온다.

시리아 내전의 중심 도시 다라야. 매일 폭격이 쏟아지고 정부의 폭력 진압으로 무고한 시민들이 무차별 학살을 당하며 폐허가 됐다. 축구와 영화와 식물을 좋아하던 학생 아흐마드처럼 평범한 사람들조차 안전하지 않게 된 도시. 청년은 그곳에서 혁명가가 되었다. 마을을 떠난 학교 교장의 무너진 집에서 책을 발견한 후 아흐마드와 친구들은 시내를 돌며 책을 구해냈다. 일주일 만에 6천 권, 한 달 뒤에는 1만5천 권. 그들은 어렵게 찾아낸 건물 지하에 도서관을 만들었다. 외부와 단절되어 있지만 언제든 연결될 수 있는 곳. 사라지지 않는 공포 속에서도 다라야 사람들은 강제이주 되기 전 2년 동안 도서관을 찾으며 삶을 이어갔다. 프랑스 출신 기자 델핀 미누이는 2015년 SNS를 통해 다라야의 도서관을 알게 된 후 관련 인물들과 연락을 통해 그들의 이야기를 기록한 《다라야의 지하 비밀 도서관》을 펴냈다.

우리 집은 책 읽을 환경이 안 된다고 불평하는 아이나, 환경을 못 만들어줬다고 미안해하는 부모를 만나면 나는 이 두 이야기를 해준다. 감시를 받으며 먹을 것이라곤 감자껍질로 만든 파이뿐인 사람들과 비현실적으로 쏟아지는 폭격이 현실인 사람들이 책을 읽는 이야기를. 그들에 비해 좋은 환경이니 충분히 읽을 수 있다는 걸 말하는 게 아니라, 독서란 상황이나 환경과 무관하다는 걸 말하고 싶어서다.

책을 읽는다는 건 어떤 서사, 이야기 속에 빠져드는 활동이다. 빠져든다는 것은 어떤 상태에 깊이 들어가야 하기 때문에 외부의 영향보다 스스로의 의지가 우선되어야 한다. 조용한 분위기, 감미로운 음악, 쾌적한 환경 모두 책을 읽기에 더할 나위 없이 좋은 상황이지만 무엇보다 읽으려는 본인의 마음가짐이 만들어지지 않으면 무용지물이다.

우리 아이의 경우 정말 뜬금없는 상황에서 책을 펼친다. 도무지 종잡을 수 없다. 어느 며칠은 밤에 자기 전에 침대 머리맡에 스탠드를 켜놓고 읽다가, 어느 며칠은 식사 후 소파에 대충 걸터앉아 읽는다. 어느 날은 엎드리고 있다가 잔소리를 듣기도 하고, 어느 날은 좋아하는 음악을 틀어놓고 읽기도 한다. 무엇보다 먹는 걸 가장 중하게 여겨서 거의 그럴 일은 없지만 아주 가끔 먹으며 읽기도 한다. 중요한 건 환경이 아니라 읽는다는 행위 자체와 읽을 것이 항상 준비되어 있는 상태라고 생각한다. 언제 어느 때라도 활자를 눈에 담고 싶을 때 손만 뻗으면 책을 쥘 수 있는 환경. 언제든 읽고 싶은 책을 펼칠 수 있는 환경이 필요하다. 사방 벽을 빼곡하게 책으로 채워놓아야 한다는 이야기가 아니다.

책방 문을 열고 첫해에 가장 많이 들었던 말은 "우리 집에 여기보다 책이 훨씬 더 많아요."였다. 책방은 고작 10평. 이 물리적 공간 안에 애써서 선별한 좋은 책들을 적당히 채워서 넣었다. 마을 사람들이 두고두고 읽을 수 있는, 가족들이 모두 함께 보면 좋을, 꼭 읽었으면 하는 책들로 빼곡하지 않지만 차곡차곡 들여놨다. 25년 만에 마을에 나타난 책방이라는 공간이 생경해서인지 혹은 도시의 큰 책방과 굳이 비교하고 싶어서인지 오며 가며 잊을 만하면 들리던 소리. "우리 집에 책이 훨씬 많아요." 재미있는 건 집에 그렇게 책이 많은 분들은 책을 많이 가지고 있어서인지 정작 책 이야기는 하지도 않고 책을 한 권 살 생각도 안 한다는 사실이었다.

많아야 좋은 건 아니다. 읽고 싶은 책, 궁금한 책, 내 사유의 영양분이 되는 책 몇 권이면 된다. 한 달에 한 번이라도 주기적으로 서점이나 도서관을 찾아 그 달 읽을 책 서너 권을 준비해놓으면 좋다. 우리 아이가 초등학생 때는 상대적으로 시간이 많기도 했고, 어려운 책이 아니라서 하루에 한 권을 읽는 날도 많았다. 중학생이 되고는 '일주일에 한 권'이라고 정해뒀다. 한 주 어려운 고전을 읽으면 다음엔 좀 가벼운 청소년 소설을 읽는 식으로 균형을 맞춰 책을 고른다. 혹은 한 권의 책과 연결해 해석을 더 풍부하게 해주고 더 많은 사유를 할 수 있는 책을 한 주제로 묶어 읽어보게 한다.

이런 식이다. 메리 셸리의 《프랑켄슈타인》을 읽었다면 아흐메드 사다위의 《바그다드의 프랑켄슈타인》을 읽고, 커트 보네거트의 《신의 축복이 있기를, 닥터 키보키언》을 권한다. 앞의 두 책이 괴물을 창조해야 했던 프랑켄슈타인에 대한 이야기라면 사후 세계 가상 인터뷰집인 《신의 축복이 있기를, 닥터 키보키언》에는 프랑켄슈타인과 괴물을 창조한 메리 셸리의 이야기가 담겨 있다. 고전을 시작으로 현대소설로 넘어오면서 인간의 본성과 현대사회 그리고 이 시대를 살고 있는 우리의 모습에 대해 깊이 있게 들어가볼 수 있다. 박소영 작가의 청소년 소설 《스노볼》을 읽고 홍은전 작가의 《그냥, 사람》을 연달아 읽으면서 과연 바뀌어야 하는 것이 무엇인지, 사회 시스템 안에 '사람'의 자리는 어디인지, 인간의 존엄은 어떻게 지켜지는 것인지에 대해 생각하도록 한다. 작은 눈덩이를 굴려 커다란 눈사람을 완성하듯 가볍고 재미있는 이야기를 시작으로 생각을 크게 확장시켜주는 것이다. 이야기에서 끝나는 것이 아니라 그 이야기를 통해 세상을 알아가며 눈이 환해진 경험을 한 아이들은 다시 책을 찾게 되어 있다. 어떤 상황에서라도 반드시.

그림과 제목만 훑고
글을 읽지 않아요

"무조건 읽어!"라고 말하기 이전에
가장 좋아하는 것으로, 흥미로운 것으로 잘 찾아
성취의 기쁨을 느끼도록 도와주자.

남편은 책방에서 아이들에게 글쓰기를 가르친다. 2주에 한 권씩 총 4회가 한 세트이다. 한 세트에 한국소설, 외국소설, 비문학 등 다양한 네 권의 책을 읽고 쓰는 수업이다. 수업은 이렇게 진행된다. 매회 선정한 책을 미리 읽어와 주제를 요약하고 줄거리를 정리하고 내용을 중심으로 크고 작은 작가의 메시지들을 찾아 해석한다. 이후 다음 시간에 지난주에 읽은 책의 독후감을 써와 친구들과 전체적인 품평을 하고, 마지막으로 책방주인이자 이 수업의 선생님인 남편이 의견을 주는 방식이다. 이야기를 나누면서 찾아낸 질문과 본인의 해석을 곁들여 다음 시간까지 독후감 한 편을 써와야 비로소 한 권의 책이 마무리된다.

결국 쓰기를 숙제로 해서 와야 하는데 이런저런 사정으로 빼먹는 친구들이 있다. 그중에서 성실했던 한 친구가 질과 양 모두 만족스럽지 못한 독후감을 써오기 시작했다. 남편은 몇 차례 지켜보다가 물었다. "요즘 많이 바쁘니? 쓰는 게 재미없어?" 아이는 고개를 푹 숙이고 대답했다. "모르겠어요. 그냥 놀고만 싶어져요."

그 말에 남편은 자기 이야기를 들려줬다. "나도 똑같아. 놀고만 싶어. 노는 게 제일 편하고 좋잖아. 그런데 노느라 할 수 있는 걸 안 하니까 어느 순간 할 수 있는 것도 할 수 없게 되더라고. 너무 아쉽더라고. 가만히 있었는데 제자리가 아니라 뚝 떨어진 거야. 요즘 그래서 나는 할 수 있는 걸 계속 하려는 노력을 하고 있어." 아이는 천천히 고개를 끄덕였지만 그 말이 잘 전달됐는지는 모르겠다고 했다.

할 수 있는 걸 하지 않으면 어떻게 되는지 나 또한 경험했다. 책방 문을 열고 홍보를 고심하다가 다수의 인원을 모아 그룹을 만들 수 있는 밴드를 개설했다. 3년간 가족이 돌아가며 일주일에 다섯 번 책 소개를 올렸다. 일주일에 한두 권은 나의 몫이었으므로 매일 읽고 글을 썼다. 전문적인 서평은 아니었지만 그래도 품을 들여야 했다. 대충 줄거리만 나열하는 어디에나 다 있는 책 소개가 아니라 우리 책방만의 철학이 담긴 특별한 글이어야 했다. 원고 마감이 걸려도, 여행을 가도, 명절 연휴에도 빼먹지 않으려고 무던히 노력했다. 3년 동안 꾸준히 했는데 그러다보니 정작 읽고 싶은 책을 읽을 시간이 줄어들었다.

긴 호흡으로 차근차근 읽고 새기고 한 번 더 읽고, 연결된 다른 책까지 두루두루 살피고 싶은데, 늘 당장의 책 소개를 위해 신간이나 속독할 수 있는 책들을 읽느라 바빴다. 어떤 큰 마감을 앞두었을 때로 기억하는데, 눈앞에 닥친 큰일을 핑계 삼아 책 소개를 멈춰버렸다. 마침 글을 읽은 접속자의 수도 점점 줄어들고 있었다. 봐주는 사람이 몇 되지도 않는데 우리가 이렇게까지 시간과 공을 들일 필요가 있을까? 차라리 다른 홍보에 더 시간을 쏟는 게 낫지 않을까? 이제 인스타그램을 열심히 해야지, 하고 인스타그램 계정에 신경을 썼다. 인스타그램은 밴드에 올리는 책 소개보다 훨씬 쉽고 재미있었다. 예쁜 사진을 찍고 대화 형식의 짧은 글을 쓰고 해시태그 몇 개만 달아주면 끝났다. 반응도 바로바로 오고 정보 전달도 훨씬 쉬웠다.

책 소개에서 벗어난 지금에서야 알게 됐다. 책 소개는 남을 위한 것이 아닌 나를 위한 것이었다. 정작 읽고 싶은 책은 못 읽는다며 투덜댔지만 책 소개에서 벗어난 지금 생각만큼 책을 엄청나게 읽고 있지도 않다. 여전히 인터뷰와 원고 관련 자료를 읽느라 시간에 쫓기고 그 핑계로 원하는 책은 가끔 손에 쥘 정도다. 달라진 게 없지만 딱 하나 바뀐 게 있다면 책 소개를 하는 데 더 많은 시간이 걸린다는 점이다. 할 수 있는 것도 잘할 수 없게 된 것이다.

특히 아이들이 할 수 있는 걸 계속한다는 건 '발전'한다는 것과 같은 말이다. 계단을 상상하면 쉽다. 읽기를 예로 들었을 때, 할 수 있는 걸 계속한다는 건 계단을 올라가는 일이다. 하지 않는다는 건 아래로 미끄러진다는 뜻이다. 읽는 능력은 성장 발달과 비례해서 올라간다.

고학년 아이가 그림과 제목만 훑고 마는 건 반드시 바로잡아야 한다. 아마 아이는 갑자기 글씨가 작아지고 두꺼워진 책이 두렵고 어렵고 짜증났을 것이다. 금방 읽고 빨리 놀고 싶은데 시간을 더 들여야 하는 게 못마땅하다. 제목과 그림만 봐도 대충 내용을 알겠는데 왜 굳이 에너지를 더 써야 하나 의아하기도 하고. 이런 친구들은 조금 억울하지만 다시 저학년 때 읽었던 책으로 돌아가 처음부터 끝까지 제대로 읽는 훈련을 해보자. 무조건 읽어야 한다고 학년에 맞춘 책을 쥐여주면 대충 읽고 마는 독서가 다시 반복될 확률이 높다.

할 수 없는 것이 아니라 할 수 있는 것이라는 걸 알려주는 게 부모가 할 수 있는 독서 교육이라고 생각한다. 그림책에서 글이 많은 책으로 넘어갈 수 있도록, 아동문학에서 청소년문학으로 그다음엔 고전문학과 사회과학 서적으로 수준을 높여야 한다. (그림책의 수준이 낮다는 뜻이 아니다.) 정보의 깊이와 사유의 범위 차원이 높은 책들로 나아가야 새로운 어휘와 표현을 익히며 풍부하게 사고할 수 있게 된다. 처음에는 두꺼운 책은 못 읽겠다, 내가 어떻게 저걸 읽느냐 거부할 수도 있다. 그러나 조금만 도와주면 아이들은 금방 적응하고 읽어낸다. 성장에 따라 수준에 맞는 책을 함께 골라 처음부터 끝까지 읽을 수 있도록 도와주자. 그냥 읽는 게 아니라 내용을 완벽하게 이해한 경험은 다음으로 나아갈 수 있는 동력이 된다.

다시 글쓰기 수업 이야기로 돌아가면, 아이들은 자신이 관심 있는 분야의 책이 나오면 태도가 달라진다고 한다. 다른 책에는 심드렁했던 친구가 자신이 좋아하는 요리에 관한 이야기에서 아주 적극적으로 의견을 쏟아냈다거나 젠더 문제에 관심이 많은 친구가 평등을 주제로 한 사회과학 책에 흠뻑 빠져들더라는 이야기를 듣곤 한다.

"무조건 읽어!"라고 말하기 이전에 가장 좋아하는 것으로, 흥미로운 것으로 잘 찾아 성취의 기쁨을 느끼도록 도와주자. 제목과 그림만 훑는 건 반드시 고쳐야 할 습관이니까.

눈으로 보는 게 좋나요,
소리 내서 읽는 게 좋나요

한글을 깨치고 점점 글이 많은 책으로 향할 때
아이의 책 읽기에 진전이 없어 보인다면
가족이 모두 함께 앉아 책을 소리 내
읽어보는 것도 좋은 방법이다.

별걸 다 줄이는, '별다줄' 하는 요즘 '케바케'라는 줄임말이 있다. 케이스 바이 케이스case by case, '개별적으로' '사례별로'라는 뜻의 영어 관용구를 줄인 말이다. 책을 눈으로 보는 게 좋은지, 소리 내서 읽는 게 좋은지를 묻는다면 일단 '케바케'라고 답하겠다.

팬데믹이 시작되기 전 책방에서 매주 한 번씩 낭독 모임을 했다. 2년 넘게 길게 진행했던 장수 프로그램이었다. 만족도가 높아 오래도록 유지할 수 있었다.

가브리엘 가르시아 마르케스의 책을 읽기로 했을 때 '마술적 리얼리즘'에 대해 고개를 갸우뚱하는 회원들이 대부분이었다. 너무 어려운 건 아닐까, 난해해서 이해를 못 하면 어쩌지 하는 걱정하는 회원, 전에 읽기를 시도했다 실패했다는 회원도 있었다. 그래서 배경지식으로 라틴아메리카의 역사를 미리 공부하고, 작가에 대해 조사한 뒤 책 읽기에 들어가니 그렇게 어렵지 않았다. 그때그때 각자의 해석을 나누면서 마르케스의 《백년의 고독》과 《콜레라 시대의 사랑》을 완독했다. 줄거리만 읽는 게 아니라 내용을 이해하며 끝까지 읽었던 성공의 경험 이후 폴란드 작가 올가 토카르추크의 《태고의 시간들》까지 격파했다.

혼자 읽기 어려운 고전이나 교양서도 다 같이 모여 읽으면 완독할 수 있었다. 지루해서 읽다 말다 했던 책이나 도무지 무슨 이야기인지 다시 처음으로 되돌아가야 했던 책들을 한 권씩 독파할 때마다 회원들 모두 진한 성취감을 느꼈다. 고요한 분위기에서 돌아가며 책을 읽기 시작하면 듣는 사람들은 눈으로 활자를 훑었다. 눈과 귀가 함께 기능을 했다. 일방적으로 듣기만 하는 게 아니라 읽는 사람을 제외한 나머지는 각자의 책을 들고 눈으로 소리를 읽어내려갔다. 혼자 하는 게 아니니 더 신경 써서 집중해야 했다.

처음에는 다 큰 어른들이 낭독으로 독서가 가능할까 걱정스러웠지만 기우였다. 소리를 내서 읽는 것은 오랫동안 멈춰두었던 읽기를 가능하게 한 아주 좋은 시도였다. 뇌과학적으로도 하나의 감각을 쓰는 것보다 여러 개의 감각을 동시에 쓰면 뇌를 더 많이 활성화한다고 한다. 뇌를 더 많이 자극해서인지, 읽고 난 다음 내용에 대해 오래도록 수다를 떨어서인지, 회원들은 모두 한참이 지나도 내용을 생생하게 기억해냈다.

소리 내서 읽기는 한글을 모를 때 엄마가 소리 내 읽어줬던 것과는 다른 일이다. 한글을 깨치고 점점 글이 많은 책으로 향할 때 아이의 책 읽기에 진전이 없어 보인다면 가족이 모두 함께 앉아 책을 소리 내 읽어보는 것도 좋은 방법이다. 시간을 정해놓고 가족이 같은 책을 돌아가면서 읽는 낭독 모임을 가져보길 권한다. 셰익스피어의 작품, 괴테의 《파우스트》 등 극 형식의 문학을 다 함께 도전해보는 식의 목표를 세워보면 어떨까.

아이 독서 교육이 아니라 가족의 독서력을 키운다고 생각하면 읽기의 접근이 훨씬 쉬워진다. 엄마 아빠가 읽으면 반드시 아이도 읽게 되어 있다. 하루 종일 일하고 피곤해서 책이 눈에 들어오지 않는 분들에게 함께 읽기는 좋은 해결책이다. 무엇보다 가장 좋은 것은 책으로 인해 가족의 대화가 풍성해진다는 점이다.

부록

집에서 하는 글쓰기 훈련

요즘 독서가 '성적 향상'의 도구로 주목받고 있다. 사실일까? 책을 읽으면 최상위 성적을 낼 수 있을까? 현실은 아니다. 책 읽기만으로 원하는 바를 얻기는 쉽지 않다. 독서로 지식을 확장시키고 글쓰기를 통해 지식을 내 것으로 만들어야 비로소 성적에도 유의미한 영향을 끼친다. 학교의 평가가 많이 달라졌다. 지필 평가가 100%였던 지난 시대와는 완전히 다른 형식이다. 중간고사만큼 수행 평가가 중요하다. 그리고 수행 평가의 상당 부분이 논술로 이뤄진다. 요약하고 정리하고, 자기 생각을 쓰고 의견을 내는 것이 대부분이다. 글쓰기 훈련이 되어 있지 않다면 불리해질 확률이 높다. 우리 아이의 경우 초등학교에 들어가면서부터 시작한 글쓰기 훈련이 공부하는

데 든든한 기초 체력이 됐다. 학교에 들어가면서 시작하면 제일 좋지만 아니어도 크게 문제되지 않는다. 시작 시점보다 중요한 건 얼마나 꾸준히 오랫동안 하느냐이다. 다만 중학교부터는 훈련된 글쓰기 능력을 꺼내 사용하기 시작하는 시기다. 답이 긴 주관식 문제 풀이, 수행 평가의 논술 제출, 각 수업마다 필요한 문서 작성 등 할 일이 많다. 될 수 있으면 초등학교 때 훈련을 마쳐놓길 권한다. 우리 아이는 중학교에 들어가 시간이 촉박해지면서 한 달에 두 번 독후감 쓰기만 연장했다. 그것만으로도 글쓰기의 감을 잃지 않았고, 조금 더 깊이 있는 글을 읽고 정리하는 능력을 키울 수 있었다.

객관식이 주를 이루는 지필 평가 점수가 아무리 좋아도 수행 평가 점수가 받쳐주지 않는다면 좋은 성적을 기대하긴 어렵다. 글에 대한 이해와 표현 능력을 타고난 아이들이 있지만 누구나 그러지는 않다. 학업에 도움이 되는 건 글쓰기를 병행한 책 읽기다. 글쓰기는 훈련을 통해 충분히 기를 수 있다. 간단한 것부터 시작해보자. 다음은 학원에 보내지 않아도 아이와 함께할 수 있는 글쓰기 훈련 팁이다.

1. 일기 쓰기
초등학교 입학과 동시에 시작해 매일 쓰는 것이 중요하

다. 특별한 경우 하루이틀 빠지더라도 될 수 있으면 매일 '반드시' 쓰는 걸 원칙으로 삼는다. 잠자기 전 잊지 않고 양치를 하듯 일기 쓰기를 습관으로 만들어야 한다. 꼭 길게 쓰지 않아도 된다. 분량의 강박에서 벗어나 자유롭게 쓰게 한다. 단단순하고 같은 문장을 반복한다면 지도해야 한다. 그날의 특별했던 감정을 끌어내도록 유도해서 짧더라도 뻔하지 않게 쓰게 한다. SNS로 쓰는 것이 편하다고 하면 스마트폰에 적고 노트에 옮겨 쓰게 한다. 일기장이라는 물성이 주는 묵직함이 있다. 스마트폰에 저장해놓으면 그냥 잊고 말기 쉽지만 눈앞에 보이는 일기장은 피할 수 없다.

2. 삼행시 짓기

장난 같지만 글쓰기를 너무 힘들어하는 아이들에게 쉽게 접근할 수 있는 방법이다. 가족의 이름, 친구의 이름, 좋아하는 음식, 장소, 놀이 등 다양한 고유명사를 이용해 삼행시를 지어본다. 삼행시의 매력은 변주에 있다. 같은 이름이라도 다양한 표현이 가능하다는 걸 이용해 여러 작품을 만들어보자. 삼행시 노트를 한 권 만들어 그날 제일 좋은 단어 하나를 정해 잠들 때까지 수시로 적어보게 한다.

3. 제목 새로 만들기

글쓰기가 싫다고 책상 앞에 도무지 앉으려 하지 않는 아이들을 설득할 때 쓰면 좋다. 영화, 드라마, 만화도 좋다. 책이 제일 좋지만 아이가 흥미를 느끼지 못한다면 다른 콘텐츠를 마음껏 활용해도 된다. 뭐든 읽고 본 뒤 제목을 자기 식으로 바꾸는 놀이를 해본다. 제목은 글의 얼굴이므로 짧은 한 줄이지만 제법 길게 고민하고 생각해야 해서 좋은 훈련이 된다. 제목을 바꾼다는 건 내용에 대한 개인적 재해석의 출발이다. 짧은 한 줄이지만 제목을 바꾸면서 상상력을 발휘하고 글의 이해를 높인다.

4. 다양한 콘텐츠의 줄거리 쓰기

서사구조를 갖춘 이야기라면 어떤 콘텐츠라도 접한 뒤 요약해 글로 쓰게 한다. 영화 노트, 게임 노트, 독서 노트, 음반 노트 등 처음부터 노트를 나누는 것도 방법이다. 게임이나 음악 등도 세계관을 가지고 이야기를 전개하는 콘텐츠들이 늘어나기 때문에 얼마든지 요약 정리가 가능하다. 책 읽기를 지루해한다면 책뿐 아니라 아이가 관심을 갖는 다양한 분야의 것들을 글쓰기 대상으로 삼아보자.

5. 상상해서 쓰기(스핀오프 만들기)

무에서 유를 창조하는 건 어렵지만 만들어진 것을 비틀어 바꾸는 건 상대적으로 수월하다. 줄거리 쓰기를 했다면 주인공을 바꾸거나 상황을 변화시켜 콘텐츠를 재구성해보도록 한다. 어디에도 없는 내 작품을 만들면 성취감이 생긴다. 글쓰기가 어렵고 지루한 게 아니라 재미있는 걸 만들어내는 것이라고 생각할 수 있도록 한다.

6. 따라 쓰기

인문사회과학 책을 읽고 동의가 되는 부분을 체크해 옮겨 적게 해본다. 예전에 신문 사설을 따라 쓰는 게 유행이던 때가 있었다. 정제된 좋은 글을 옮겨 적다보면 어휘력도 늘고 문장 표현 방법도 배우게 된다. 자연스럽게 비문학 공부가 되니 일거양득이다.

7. 생각 쓰기

줄거리 쓰기로 글쓰기에 대한 두려움이 사라졌다면 생각을 더해 써본다. 독후감의 가장 초보적인 단계는 줄거리 쓰기이고 그다음 단계가 줄거리에 이어 자기 생각을 쓰는 것이다. 그리고 줄거리 없이 자기 생각만으로 책에 대한 감상을 쓰는 게 마지막 단계이다. 대개 초등학교 때는 두번째 단계까지 가능하다. 중학교에 올라가서 계속해서 책을 읽고 자신의 생각을 늘려가는 훈련을 하다보면 어느 순간 자기 생각만으로 페이지를 채울 수 있다. 글쓰기는 훈련이므로 훈련을 꾸준히 한 사람이라면 누구나 할 수 있다.

8. 비교해서 쓰기

책을 읽고 생각나는 영상이나 음악, 자신의 특별한 경험 혹은 또 다른 책 등을 비교해서 써본다. 예를 들어《프랑켄슈타인》을 읽었다면 괴물이 등장하는 드라마나 영화 등과 어떤 것이 같고 다른지 찾아 비교하면서 써보는 것이다. 한국의 동화와 미국의 동화를 비교해본다거나 전혀 다른 장르의 작품과 나란히 놓고 비슷한 점을 찾아보는 것도 재미있다.

9. 편지 쓰기

학창시절 나는 라디오에 사연을 엄청나게 보냈다. 좋아하는 가수 사무실로 매일 관제엽서에 편지를 써 보내기도 했다. 내 글쓰기의 기초는 그렇게 다져졌다. 어쩌다보니 매일 쓰는 훈련을 했던 것이다. 편지가 유물 같아진 요즘이지만 편지만큼 좋은 글쓰기 연습도 없다. 가족이나 친구 등 가까운 사람에게 쑥스럽다면 어벤저스의 히어로들에게, 좋아하는 아이돌에게, 소설 속 주인공에게, 게임 캐릭터에게 써보도록 한다.

10. 자기소개서 쓰기

마지막으로 글쓰기 훈련이 잘되고 있는지 확인하고 싶다면 분기별 매학기 자기소개서를 쓰도록 한다. 처음 이름과 나이 정도를 쓰는 것에서 시작해 취미와 취향에 대해 이야기하고 점점 성장하면서 자신의 가치관과 세계관에 대한 고민으로 깊어질 것이다. 시간에 따라 달라지는 자신을 글로 표현하면서 얼마나 많이 배우고 자랐는지 확인할 수 있게 된다. 입시에 자기소개서가 사라진다지만 '자기소개서'라는 형식만 없어지는 것이다. 자기소개서 안에 넣었던 많은 것들이 '글쓰기'라는 형식으로 교과 과정에서 나타난다. 자기소개서를 쓴다는 건 성찰하는 기회가 되기도 한다. 자기소개서를 쓰는 건 지나온 모습을 돌아보고 좀더 나은 방향으로 다시 설정하는 기회이기도 하다.

부록

이 책에 등장하는
아이와 함께 읽을 수 있는 책들

유아

곰 사냥을 떠나자 | 마이클 로젠 글, 헬린 옥슨버리 그림

기차 ㄱㄴㄷ | 박은영

달님 안녕 | 하야시 아키코

'또또가 달라졌어요' 시리즈 | 안나 카살리스 글, 마르코 캄파넬라 그림

사과가 쿵! | 다다 히로시

만화

'35년' 시리즈 | 박시백

쥐 | 아트 슈피겔만

펀 홈 | 앨리슨 벡델

소설

괴짜 탐정의 사건 노트 | 하야미네 가오루

노인과 바다 | 어니스트 헤밍웨이

데미안 | 헤르만 헤세

독고솜에게 반하면 | 허진희

돈키호테 | 미겔 데 세르반테스

동물농장 | 조지 오웰

레 미제라블 | 빅토르 위고

로미오와 줄리엣 | 윌리엄 셰익스피어

이성과 감성 | 제인 오스틴

자기 앞의 생 | 에밀 아자르

작은 것들의 신 | 아룬다티 로이

작은 아씨들 | 루이자 메이 올컷

젊은 베르테르의 슬픔 | 요한 볼프강 폰 괴테

젊은 예술가의 초상 | 제임스 조이스

정글북 | 러디어드 키플링

첫사랑 | 이반 투르게네프

캔터빌의 유령 | 오스카 와일드

크눌프 | 헤르만 헤세

템페스트 | 윌리엄 셰익스피어

톰 소여의 모험 | 마크 트웨인

파리대왕 | 윌리엄 골딩

파수꾼 | 하퍼 리

파우스트 | 요한 볼프강 폰 괴테

폭풍의 언덕 | 에밀리 브론테

프랑켄슈타인 | 메리 셸리

피로 물든 방 | 앤절라 카터

하얀 성 | 오르한 파묵

한여름 밤의 꿈 | 윌리엄 셰익스피어

'해리 포터' 시리즈 | J.K. 롤링

햄릿 | 윌리엄 셰익스피어

허클베리 핀의 모험 | 마크 트웨인

풀꽃 ㅣ 나태주

잡지
어린이 과학동아
인디고잉